Würzburger Geschicht(l)e

- Band 2 -

in fränkischer Mundart geschrieben
und ins Deutsche übersetzt,
von Wolfgang Mainka
alias Würzburger Nachwächter®

Mit Illustrationen von Simone Mainka
und Fotos von Ulrike Schwab

2006

Impressum:

Die Herausgeber haben vor Veröffentlichung geprüft, ob Rechte Dritter hierdurch verletzt werden. Sollten trotz sorgfältiger Prüfung Rechte Dritter verletzt worden sein, so war dies nicht im Sinne der Verfasser, die sich hiermit vorsorglich entschuldigen.

Würzburger Nachtwächter® ist ein eingetragenes Zeichen.

Printed in Germany

Umschlaggestaltung und Illustrationen: Simone Mainka
Fotos: Ulrike Schwab
Layout und Gestaltung: Volker Riedel

ISBN 3-00-019521-1
978-3-00-019521-1

Herausgeber: Würzburger Nachtwächter Verlags GmbH
Winterleitenweg 32, 97082 Würzburg
www.wuerzburger-nachtwaechter.de

Herstellung: Clausen und Bosse GmbH, Leck

Für meine Frau Simone

Inhaltsverzeichnis

Vorwort

Nach dem ersten Band der Würzburger Geschichte(n) liegt nun der zweite Band vor dem Leser. Während der erste Band die Würzburger Geschichte von den Anfängen bis zum Dreißigjährigen Krieg umfasste, geht es im vorliegenden Büchlein bis in die Neuzeit, nein, eigentlich sogar in die Zukunft. Das letzte Geschichtlein lässt einen ironischen Blick in die Zukunft werfen, die eigentlich nichts anderes ist als die logische Fortführung der Gegenwart.

Die Geschichtchen erzählen vom Dreißigjährigen Krieg und dem wundersamen Kruzifix in der Neumünster Kirche, von Petrini in der Kuppel seiner Stift Haug Kirche, wie es zum Residenzbau kam und woher das Geld dafür stammt, warum Mozart die Kleine Nachtmusik für den Fürstbischof schrieb, vom wundersamen Käppele und Napoleon, der gerne im großen Stil in der Residenz übernachtete. Aber auch die Neuzeit ist mit Geschichten vertreten. Berühmte Entdeckungen wie die des Professor Röntgen werden neu erzählt und von der Industrialisierung durch die König & Bauer Fabrik berichtet.

Schwierigkeiten heitere Geschichten zu finden hatte der Verfasser mit dem 20. Jahrhundert. Zuviel Leid und Unglück widerfuhr der Stadt in der ersten Hälfte dieses Jahrhunderts, sei es durch äußere Umstände wie auch mit eigenem Verschulden verursacht Eine Zäsur und einen Wendepunkt stellt die Zerstörung Würzburgs am 16. März 1945 dar. An diesem Tag ist das historische Würzburg mit seinen Zeugnissen unwiederbringlich untergegangen und die Geschichte Würzburgs hat sich gänzlich zu einer neuen, modernen Stadt entwickelt. Als Zeitzeuge fehlt dem Verfasser der objektive Blick für einen

klaren und wertenden Standpunkt zu dieser Entwicklung. Die Geschichte lehrt aber, dass kontroverse und umstrittene Entwicklungen ihrer Zeit aus der Ferne betrachtet eine andere Betrachtung zulassen.
Also bleibt es der folgenden Generationen überlassen, ihr Urteil hierüber zu fällen.

Abschließend möchte der Verfasser noch festhalten, dass es ihm viel Freude und Genuss bereitet hat, diese Geschichtchen zu verfassen. Viele von den Erzählungen beinhalten mündliche Erzählungen, wahre Begebenheiten und natürlich auch die Fantasie des Erzählers. Was die fränkische Sprache anbelangt, bittet der Verfasser um Nachsicht, wenn sich das reine Fränkische des „Würzburgerischen" mit dem gewöhnlichen Fränkischem der Landbevölkerung vermischt. Aber viele Ausdrücke gerade der auf dem Land gesprochenen Mundart sind es wert aufgenommen zu werden.

Der Verfasser wünscht viel Vergnügen beim Lesen und hofft, dass der Humor auch den Leser befällt.

Sirmione am Gardasee im warmen August 2006

- 1 -

Wie se in Würzburch die Hexle verbrennd ham

1617 *Ein Jahr vor seinem Tod begann unter Julius Echter die Hexenverfolgung in Würzburg. 300 Würzburger wurden unter seiner Regierung als Hexen und Zauberer verbrannt. Seine Nachfolger Gottfried von Aschhausen und Adolf von Ehrenberg setzten seine blutige Verfolgung fort und Würzburg wurde zum unrühmlichen Zentrum der Hexenverfolgung, die allerdings unter dem Bischof Ehrenberg plötzlich und unerklärlich für viele Würzburger ihr Ende fande und vom Bischof Philipp von Schönborn noch vor dem Ende des dreißigjährigen Krieges verboten wurden.*

Auf sei ledzde Dach is der Julius Echder komisch worn. Da had er spinne angefange und Leud, die wo als Hexle oder Zauberer agezeichd worn sin, öffendlich verbrenn lass. Sei zwee Nachfolcher warn ned besser und ham arch gewühd im Hochschdifd.

Als Hexle bisd früher schnell drann gewese. Wennsd e alds Grabbala gewese bisd und hasd e wenig schiech ausgeschaud, e Wechscheißer am Aach oder e Bäbbn had genüchd, dann had dich die Nachbarin, wenn's e Bese gewese is, beim Bischof azeich könn. Genau so isses der Männer gange. Hasd een krumme Zinke oder een rode Gimpel im Gesichd gehabt oder noch schlechder, een Huckl, warsd gleich bei der Leud ee Zauberer. Wenns dich dann verhörd ham und dich dabei mit glühede Eise gezwigd oder eweng geschdregd ham, hasd alles geschdande, was se dich gefröchd ham. Dann war mesdens der Käs scho gesse und se ham dich als Hexle oder Zauberer verbrennd.

Die böse Zeid ging bis zum Bischof Ehreberch, der had von heud auf morche plötzlich mid der Hexejachd aufgehörd. Mer erzähld sich a warum des gewese sei könnd:

In der Plech had damals e alds Fräle gewohnd, die wo Hebamme gewese is. Denne Hebamme had mer sowieso ned gedraud, weil se so viel Zeuch über Kinnergrieche, Verhüderli und sonsd noch so e Geschlamb gewussd ham. Manch enner hads se gebrauchd, wenn er mal neigeschleckd had, wos ned häd sei gedürfd. Aber kenner wolld was miderer zu dun ham. Also, des grabblert Fräle ham se beim Bischof Ehreberch als Hex agezeichd. Der Ehreberch war ee arch ee Böser und hads doll gedriebn mid der Hexejachd. Mer sechd, vor lauder Eifer had er so een Haufe Leud ümlass gebring, dass aus Versehe sogar seinen Neffe dabei gewese is. Der wär der lezde männliche Erbe von dene Ehreberch gewese - schad drum.
Des arme Fräle ham se arch geblachd mid der Folder und immer wieder gefrechd, wer der obersde Hexemeisder sei. Des Fräle hads ned gewissd und in ihrer Nod had se einfach gesechd: „Der Bischof is es. Der is der obersde Hexemeisder!" Da ham die Geselle ersd emal geschduzd und blöd aus der Wäsch geschaud, weil des ham se scho emal von einem arme Deifel auf der Folder gehörd. Als der Bischof des gehörd had, ises ihm Angsd und Bang worn, das mer des in der Stadt erfährd und had befohle, das mer soford mid der Hexejach aufhörd. Und so is die schlimme Zeit zu End gange, die beim Julius Echder angefange had.

- 1 -
Als man in Würzburg Jagd auf Hexen machte

Es mutet schon merkwürdig an, dass ein verdienter Bischof wie Julius Echter von Mespelbrunn, der seinen festen Platz in der Geschichte Würzburgs hat, auf seine alten Tage senil wurde. Nur so lässt es sich erklären, nicht entschuldigen, dass er in seinem letzten Jahr mit der Hexenjagd in Würzburg begann und so eines der unrühmlichen Kapitel der Stadt begründete.

Es hat nicht viel gebraucht, damit man als Hexe oder Zauberer ins Visier der bischöflichen Justiz gekommen ist. Oft genügte schon eine Missbildung oder ein Mal und man war verdächtig. Gesellte sich dann noch Neid, Missgunst oder ein früherer Streit hinzu, war der Nachbar der erste, der einen anschwärzte. Standhaftigkeit und Aufrichtigkeit nutzten letzten Endes nicht viel, wenn es unter die Folter ging. Darunter gestand letztlich jeder auch solche Vergehen, die er nicht begangen hatte. Fast dreißig Jahre wütete die Hexenverfolgung während des 30 jährigen Krieges in der Stadt, als wenn man darunter nicht schon genug gelitten hätte. Erst unter dem Bischof Ehrenberg nahm die Hexenjagd ein plötzliches Ende. Hierüber gibt es ein Gerücht, das sich seit dieser Zeit in Würzburg hält:

Im Stadtteil Pleich hat damals eine alte, nicht gerade schöne Frau gewohnt. Sie war Hebamme und das an sich war damals schon verdächtig, da die Hebammen viel über das Kinder kriegen aber auch über das Verhüten wussten. Keiner wollte mit so etwas zu tun haben, aber wenn mal etwas mit der Magd oder der Bäckerwitwe passiert ist, konnte man gut auf diese Dienste zurückgreifen. Jenes alte Weiblein wurde von bischöflichen Gericht des Ehrenberg der Hexerei angeklagt und kam, nachdem sie sich weigerte zu gestehen, unter die Folter. Der Bischof Ehrenberg wütete seinerzeit wie ein Derwisch unter der Bevölkerung und es hielt sich sogar das Gerücht, dass er dabei seinen Neffen aus Versehen hat umbringen lassen, leider war es der letzte männliche Erbe des Geschlechts. Die Frau gestand unter der Folter die Hexerei, wer nicht, und, das war die Überraschung, bezichtigte den Bischof Ehrenberg als obersten Hexenmeister. Die Folterknechte hielten inne, da sie schon einmal ein solches Geständnis unter der Folter vernahmen. Als man dem Bischof dies mitteilte, soll er mächtig ins Schwitzen gekommen sein und sofort befohlen haben, dass man mit der Hexenjagd aufhört.

Damit endete vorerst die Zeit der Hexenverfolgung bis zum Bischof Ingelheim mehr als hundert Jahre später. Unter ihm wurde die letzte Hexe, eine alte und senile Oberin vom Kloster Oberzell, in Deutschland verbrannt und somit endete das Mittelalter für Würzburg erst 250 Jahre später.

- 2 -
„Bet, Kindlein, bet, sonst kommt der Schwed,"

__1631__ kam mit dem Schwedenkönig Gustav Adolf auch der Dreißigjährige Krieg nach Würzburg. Die Festung wurde zum ersten Mal eingenommen und die schwedischen Truppen quartierten sich in Würzburg ein. Eine schlimme Zeit folgte, in der Würzburg unendliche wirtschaftliche Opfer für die Besatzer bringen musste und finanziell ruiniert wurde. Bis weit nach dem Ende des Dreißigjährigen Krieges musste Würzburg die Mittel für Soldaten aufbringen, die zum Schutz des Hochstiftes notwendig waren. Durch den Einzug der kaiserlichen Kroaten 1634 wurde die schwedische Besatzung beendet.

„Bet, Kindlein bet
Bet, sonst kommt der Schwed,
Bet, sonst kommd der Ochsenstern
Wird die Kindlein beten lern."

Mid dem Gebedle is in Würzburch im dreißig jähriche Kriech jeds Kindle nachts zu Bed gange. Im Würzburch warns ja seid dem Julius Echder alle katholisch. So ham se alle Fracksause kriechd, als de Schwedekönich Gustav Adolf 1631 von Schweinfurd nach Würzburch komme is. Allen voran der Bischof Hatzfeld, der stifde gange is, als die Schwede vor seiner Festung geschdane ham. Bis dahin is noch kenner in die Festung neikomme, der ned had nei gedürft.

Es war e neblicher Herbstdach als am 18. Oktober in der früh die Schwede von Himmelspforde und Deutschhaus komme sin und die Festung geschdürmd ham. Vor der Echderbastion hads e arch Scharmützel gebe und e Haufe Soldate vom Bischof sin gefalle. Drin in der Fesdung ham se die Zuchbrücke ned hochzieh gekönnd, weil so viel Tote draufgeleche ham und so sin die Schwede zum erschde Mal in die Fesdung neikomme. Da drinn ham se arch gehausd und een Haufe Soldade und Pfaffe hiegemechd.

In der Schdad is es ned besser gewese. Die Schwede sin in jedes Haus nei und ham die Leud ausgeraubd. Alles was ned Nied und Nagelfest gewese is ham se midgenomme: Geschirr, Schmuck, Geld und sogar dem Julius Echder sei gesamde Bibliothek. Aber ens ham se ned kriechd, des Kruzifix aus der Neumünsderkirch. In der hängd bis heud e gekreuzichder Jesus als Schmerzensmann, zu dem die kranke Leud gebed ham. Ener von der Schwede is also in die Neumünsderkirch neigeschdürm und wolld noch wertvolles Zeuch raushole. Doch sei Spießgeselle warn scho vor ihm da und ham alles Wertvolle mitgenomme. Nur noch des Kruzefix mit dem Jesus hing an der Wand. Der Schwed hads gesehe und gemend: "Besser als nix !" und is auf en Aldar geschdieche und wollds runnerhol. Aber Pfeifedeckel! Grad als er's backe wolld had ihn der Heiland angeschaud, sei Händ vom Kreuz genomme und den Soldade festgehalde. Der had en arche Schrecke kriechd und sich ned gerührd, bis er am nächsde Morche freikomme is. Seid dere Zeid had der Jesus in der Neumünsderkirch sei Händ so gehalde, wie damals gewese is. Und so mancher in Würzburch gehd heud noch zu ihm und denkd: „Bet, Kindlein, bet...."

- 2 -

„Bet Kindlein bet, sonst kommt der Schwed!"

„Bet, Kindlein bet,
Bet, sonst kommt der Schwed`,
Bet, sonst kommt der Ochsenstern
Wird die Kindlein beten lern."

So haben die Würzburger und deren Kinder im Dreißigjährigen Krieg jede Nacht gebetet. Bekanntermaßen waren in Würzburg seit dem Julius Echter alle katholischer Konfession. Als der protestantische Schwedenkönig Gustav Adolf 1631 sich von Schweinfurt her Würzburg näherte, ist es den Würzburgern heiß und kalt geworden. Richtiges „Fracksausen" bekam der Bischof Hatzfeld und nachdem er nächtelang kein Auge zugemacht hat, zog er es vor, sich zwecks des ruhigen Schlafes auf das Land zurückzuziehen. Bis zu diesem Zeitpunkt war es noch keinem Angreifer gelungen in die Festung einzudringen.

An einem kalten und nebligen Herbsttag kamen die Schweden im Morgengrauen vom Kloster Himmelspforten, ausgerechnet von den himmlischen Pforten, und stürmten zur Festung hinauf. Vor der Echterbastei kam es in der Festung zu einem Scharmützel und deren bischöfliche Soldaten fielen gar in solcher Anzahl, dass es der Festungsbesatzung nicht rechtzeitig gelang, die Zugbrücke hinaufzuziehen. So wurde die bis dahin uneingenommene Festung von den Schweden erstürmt und viele der Besatzung mussten dabei ihr Leben lassen.

Auch den Bürgern in der Stadt erging es nicht viel besser. Die schwedischen Soldaten raubten, mordeten und brandschatzten was ihnen in die Quere kam: seltenes Geschirr, kostbarer Schmuck, Geld und sogar die wertvolle und unersetzliche Bibliothek Julius Echters mit den alten Schriften wurde nach Schweden verschleppt. Dort kann sie zwar kein Mensch lesen, aber man rückt sie auch nicht mehr heraus. Eine Sache aber hat man aus den Kirchen Würzburgs nicht verschleppt und dort hängt es noch heute: das Kruzifix in der Neumünsterkirche. Es ist ein gekreuzigter Jesus als Schmerzensmann, zu dem die Kranken gerne gebetet haben. Ein schwedischer Soldat stürmte damals wild entschlossen etwas zu rauben in die Neumünsterkirche. Als er nicht fündig, wurde bemerkte er das Kruzifix an der Wand: „Besser als mit leeren Händen hier hinauszugehen," murmelte er „vielleicht bekomme ich einen Batzen beim Antiquitätenhändler dafür." Und so stieg er hinauf auf den Altar und umfasste das Kreuz. Und genau in diesem Moment sah ihn der Gekreuzigte an und schloss seine Arme um den Leib des Soldaten und hielt ihn fest. Der Soldat bekam einen riesigen Schrecken und blieb still und stumm stehen bis zum nächsten Morgen, wo er mit schlohweißen Haaren von dannen schlich. Seit dieser Zeit hat der Christus am Kreuz in der Neumünsterkirche seine Hände genau so verschränkt, wie seinerzeit bei dem Schweden. Und so mancher Würzburger, der andachtsvoll in der Kirche unter ihm steht, murmelt des Gebet: „Bet, Kindlein bet,..."

- 3 -

Pedrini und die Kubbel vom Schdifd Haug

***1670** legte Bischof Johann Phillip von Schönborn den Grundstein für die neue Kirche von Stift Haug. Zuvor hatte er wegen der Errichtung der barocken Stadtbefestigung die alte Stift Haug Kirche abreißen lassen; ebenso mussten zahlreiche andere Gebäude der neuen Stadtbefestigung weichen. Als Baumeister beauftragte er den Italiener Antonio Petrini, mit dem der norditalienische Barock in Würzburg Einzug hielt. Die Kirche Stift Haug gilt als eine der beeindruckendsten barocken Kirchenbauten nördlich der Alpen.*

Mit dem Dreisichjähriche Kriech had der Bischof Philipp von Schönborn Schluss gemachd und dem Elend ein End gesetzt. Damid ned noch emal der Feind in Würzburch eimaschiere kann, wie der Schwed, had der Bischof dann die Schdad mit nem Mäuerle umgebe, desd heud noch siehsd und wosd drauf spaziere gehe kannsd. Des Wehr am Mee had er gebaud für die alde Meemühl und die Flössergass. Auch e Schleuss für die Schiff und so ham die Würzburcher scho damals Fernseh guck gekönnd wie heud die Rendner auf der alde Meebrück.

Enner von der Baumesder an der Basdion hieß Pedrini und war ee Idaliener. Weil der so gut gebau had könn gedu, had en der Bischof e Aufdrächle gebe: „Höre mal, Pedrini, könnsd mer mal e gross Kirch fürs Schdifd Haug gebau mid e schöne grosse Kubbel, so gross wies kenner meiner annere Kollech in der Bisdümer had!“ „Euer Hochwürde“ had der Pedrini gesechd „ ich hab doch bis jedzd nur Mäuerles gebaud, ich wess ned ob ich des kann?" „Probiers, wennsd schaffsd, krichsd en Haufe Geld. Wenn ned, knüpf ich dich in der Vierung der Kirch auf!"

Der Pedrini had arch Fracksause kriechd und mid schwitzige Händ die Kirch gebaud. Als die Stifd Haug ferdich gewese is, hads die grössde Pubbel weid und breid gehabd. Wie der Baumesder sei Rechnung dem Schönborn gebe had, had der gesechd: "Mensd. dass die Kubbel häld? Jedzd stecksd des Pulver ei und schbäder fälld des Gelumb zam, ich kann mer die Gosch abschmier. Wessd was, mir mache die Prob aufs Exembel. Mir feuer e Kanon under der Kubbel ab, wenn se häld kriechsd dei Pulver!"

Der Pedrini war sich a ned sicher ob seiner Baukunsd und gemend: Sicher ist sicher. Vorsichdshalber geh ich auf den Steinberch, wenn die die Kanon in der Kirch abfeuer. Zu seim Schdifd had er gesechd: „Hör, wenn die Kubbel ned häld, nimmsd dei Taschduch und winksd. Dann geh ich schdifde, damids ken Ärcher gibt!"

Als der Tach der Wahrheid kam, stand der Pedrini auf em Steinberch und had geward. Drunne in der Schdad war der Bischof an der Kirch und der Schdifd vom Mesder. Die Kanon had under der Kubbel gekrachd und es had geschdaubd. Als der Rauch verfloche war had die Kubbel gestanne unds Volk had gejubeld. Auch der Schdifd had sich gefreud und vor lauder Freud sei Tascheduch rausgerisse und in der Lufd geschwengd. Des had der Pedrini auf em Berch gesehe und gemend, jedzd gehds mer am Krache. Er had sei Bee in die Händ genomme und is davon gerennd. Seid dere Zeid iser nix mehr in der Schdad gesehe worn.

- 3 -
Der Baumeister Petrini und die Kuppel von Stift Haug

Der Fürstbischof Philipp von Schönborn war nicht nur maßgeblich am Friedensschluss von Münster beteiligt, der den Dreißigjährigen Krieg beendete, er hat auch die Konsequenzen aus dem Einmarsch der Schweden in Würzburg gezogen und die Stadt mit einer neuen barocken Stadtbefestigung umgeben. Der baufreudige Schönborn ließ schon früh das in der Familie veranlagte Bautalent erahnen, das später zum Bau der Residenz unter seinen familiären Nachfolgern geführt hat.

Ein Baumeister, der an der Bastion des Bischofs gearbeitet hat, hieß Petrini und kam aus Italien. Der Bischof Schönborn wurde auf den talentierten Baumeister aufmerksam und da er schon lange den Traum einer schönen italienischen Barockkirche hegte, kam er auf die Idee sich eine solche von Petrini bauen zu lassen. Da die alte Stift Haugkirche baufällig war und abgerissen werden musste, bot sich der Neubau der italienischen Barockkirche an dieser Stelle an. „Petrini, ihr seit eures Zeichens Baumeister!" sagte der Bischof zum Architekten „Da ihr aus dem schönen kunstreichen Italien kommt und die dortigen Kirchen gut kennt, müsstet ihr doch auch so eine Kirche bei uns bauen können. Also erteile ich euch den Auftrag die Stift Haugkirche in italienischem Barock neu zu errichten!" „Euer Hochwohlgeboren, ich bin nur ein kleiner Baumeister, der bis jetzt an der Stadtbefestigung gearbeitet hat. Ich bin mir nicht sicher, ob ich den Ansprüchen des Bischofs gerecht werden kann." antwortete der so Gefragte in bescheidener Art. „Ach papperlapapp, was redet er dummes Zeug! Probier er es, wenn es euch gelingen wird, so überschütte ich ihn mit Gulden, wenn nicht, so bau-

melt er an der Vierung der Kirche. Also frisch ans Werk!"
Man kann sich nur allzu leicht vorstellen, dass es dem jungen Italiener gar nicht wohl in der Haut gewesen ist mit diesen Aussichten und so ging er mit sehr gemischten Gefühlen ans Werk. Als das Werk vollbracht war, stand eine wunderschöne Kirche mit der größten Kuppel weit und breit. Als der Petrini dem sehr erfreuten Schönborn die Rechnung servierte, kamen diesem Bedenken wegen der Gewährleistung bezüglich der Standfestigkeit der Kuppel. „Seid ihr, großer Petrini, denn sicher ob der Haltbarkeit der Kuppel?" fragte der Bischof argwöhnisch „Er stelle sich vor, er erhalte sein Geld und mache sich von dannen. Was dann, wenn nach seinem Weggang dieselbe einstürze. Zahle er mir dann das Geld zurück? Machen wir doch die Probe aufs Exempel. Der Kanonier feuere eine Haubitze unter der Kuppel ab. Halte sie das Feuerwerk aus, dann möge er sein Geld behalten!"
Da der Petrini sich der Haltbarkeit nicht sicher war, sagte er zu seinem Gesellen: „Hör mir gut zu! Du stellst dich am Tag der Feuerprobe vor die Kirche, währenddessen ich auf dem Steinberg in sicherem Abstand das Ergebnis der Probe abwarte. Sollte die Kuppel den Druck nicht standhalten und einstürzen, so winke er mit dem weißen Taschentuch, damit ich mich in Sicherheit bringen kann!"

Am Tag der Wahrheit stand der Baumeister auf dem Steinberg und harrte der Dinge, die da auf ihn zukommen würden. Drunten in der Stadt indes wurde die Kanone aufgebaut und auf Geheiß des Bischofs abgefeuert. Als der Pulverdampf verflogen war, brach in der Menge vor der Kirche großer Jubel aus. Auch der Geselle Petrinis fiel in einen Freudentanz und schwenkte gedankenverloren sein weißes Taschentuch. Dies wiederum sah der Petrini auf dem Steinberg und dachte, die Kuppel sei zusammengestürzt. Eilig machte er sich von dannen und war seit dieser Zeit nicht mehr in der Stadt gesehen.

- 4 -
„Frangewein is Krangewein"

***1681** kam wieder einmal eine Pest von Ungarn über Böhmen ins Hochstift Würzburg. Als die Seuche geringer gefährlich als befürchtet ausfiel und die Zahl der Opfer nicht so hoch war, schrieb man dies der Heilkraft des Frankenweins zu. Bischof Phillip von Dernbach ließ sogar eine Münze prägen, die den Wein als Heilmittel bezeichnet.*

Im Jahr 1681 is widder so e Besd von Ungarn über Böhme zu uns komme. Aber diesmal hads ned so viel erwischd, weil's damals een Abodecher gäbe had, der wo erkannd had, dass der Frangewein auch ee guder Krangewein is. Die Abodech von dem war in der Näh vom Augusdinerklosder und weil der Abodecher so ausdgeschaud had wie ee Uhu hamse auch „Käuzle" zu ihm gesechd. Der Abodecher had viel Durschd gehabd und is jeden Abend, wenn er sei Abodech zugeschberrd had, nüber zum Sternbäck geschliche und had sei Schobbe gezwiggd. Geche Middernachd isser mid em Räuschle hemgeschliche und had geschlaffe wie ee Ratz.

Eines Taches, als des „Käuzle" sei Räuschle grad in der Nachd ausgeschlaffe had, is ee alds Fräle um Middernachd zur Abodech komme und had des „Käuzle" aus em Bedd geschelld. „Herr Abodecher," had se geflennd „ Sie müsse mer helf. Mei Moo blache dehem arche Schmerze im Ranze. Mir wisse ned, ob er was schlechds gesse had oder ee Pförzle nur krumm liechd in der Gedärm!. Ich menn, ee Eilauf wär grad recht!" Der Abodecher had noch en Mords Rausch gehabt, wolld aber dem Fräle helf.

„Ich guck emal, was ich mach kann!“ had er gebrabbeld und is in sei Labor geschliche. Da had er zuerschd zum Zugger gegriffe, den had er mit eem Pülverle verwechselt, und in ee Schüssele neischüdd, hinnenach is noch ee Ei komme, was vom Frühstügg übrich gebliebe is und damit des flüssig neilass lauf kannsd, had er zu der nächsde Flasche gelangd, die in der Näh war. Des war aber der Resd vom sein Fläschle Frangewein, des vom Rausch übrichgebliebe is. Des had er mit dem Zeuch verrührd und der Fraa mitgäbe, die dankbar davongeschliche is.

Am nächsde Tach war der Abodecher wieder nüchdern und is erschrocke, als er des leere Fläschle Wein gesehe had. Er had e schlechds Gewisse kriechd weche dem Einlauf. Da is auf eemal die Dür aufgange und des Fräle is seelich neikomme und had geschdrahld: „Ach Herr Abodecher, der Einlauf war prima! Kaum war der beim Moo neigelaffe, had der sich rumgedrehd und geschlaffe. Dabei had er gemurmeld: „Fraa, was had der der Abodecher da gäbe. Ich hab des Gefühl, dass ich een Schobbe annerschd rum neigeschüdd hab!“

Des „Käuzle“ had sich gefreud und gedachd, dass des doch e feine Sach is mit dem Frangewein und had seit dere Zeit Boggsbeudele ins Regal gesdelld und dazugeschriebe: Frangewein is Krangewein! Die Leud ham dem sei Fläschle gekeffd wie warme Kipfle. Und des hat tatsächlich geholfe, dass sogar im Juliusspidal bis ins letzte Jahrhunnerd die Leut Einläuf aus Zugger, Ei und Frangewein griecht hab. Bis jetzt hat sich kenner darüber beschwert!

- 4 -
Frankenwein ist Krankenwein

Es kam wie es kommen musste: Alle paar Jahre wieder, so auch 1681, wurde die Stadt erneut von einer Pestepidemie heimgesucht; diesmal von Ungarn über Böhmen kommend. Seltsamerweise fielen der Pest jedoch nicht so viele Bürger wie sonst zum Opfer. Das schrieb man seinerzeit einem Apotheker zu Gute, der erkannte, dass Frankenwein auch ein guter Krankenwein ist. Besagter Apotheker hatte seinen Laden in der Nähe des Augustinerklosters und, da sein Äußeres Erscheinungsbild dem eines Uhus sehr nahe kam, wurde er von den Würzburgern nur das „Käuzle" genannt. Das „Käuzle" war stadtbekannt ein guter Zecher. Nachdem er seinen Laden nach getaner Arbeit verschlossen hatte, schlich er jeden Abend zum „Sternbäck" hinüber, um gegen Mitternacht mit einem Rausch nach Hause zurückzukehren.

So ergab es sich, dass eines Nachts das „Käuzle" jäh aus seinem Schlaf geweckt wurde, als eine alte Frau Sturm läutete. Verschlafen und mit nicht geringem Restalkohol schlich dieser an die Tür. „Herr Apotheker, bitte helfen Sie mir!" kam ihm flehend die Stimme der alten Frau durchs Türloch entgegen „Mein Mann liegt schwer erkrankt zu Hause im Bett. Wir wissen nicht ob es das Essen war, was ihm nicht bekommen ist, oder ob er nur Blähungen hat und die Luft den Ausgang nicht findet! Vielleicht hilft ein Einlauf?" Der kauzige Apotheker vernahm die Worte wie durch eine Nebelwand und verstand nur die Hälfte der Bitte, wollte jedoch die Frau nicht unverrichteter Dinge wegschicken. Schlaftrunken schlich er in sein Labor, um einen „Darmtrunk" für den kranken Gatten zu mischen. War es nun der Alkohol oder das schlechte Licht oder gar beides, was den Apotheker veranlasste, einen nicht zum Gebrauch üblichen Einlauf zu kreieren. Statt eines Heilpulvers griff er nach dem Zucker, zu diesem fügte er ein Ei hinzu, welches als Rest des morgendlichen Frühstücks auf dem Tisch verblieben war und zu guter letzt schüttete er den Rest des Inhalts seines nur halb getrunkenen letzten Bocksbeutels hinein, um dem Einlauf eine flüssige Konsistenz zu geben. Dankbar schlich die Frau mit dem Elixier von dannen und der Apotheker in sein Bett.

Am Morgen sah er nüchtern, welche Zutaten er für seine Medizin verwendet hatte und ihm schwante Übles. Ausgerechnet der Frankenwein lies ihn nicht ruhen, welch eine Verschwendung! Plötzlich ging die Tür auf und ein Freude strahlendes altes Weiblein kam ihm mit offenen Armen im Laden entgegengelaufen: „ Herr Apotheker," rief sie begeistert, „ was für einen Einlauf! Der hat Wunder gewirkt! Mein Mann hat noch kurz danach gesagt, er hätte das Gefühl einen Schoppen Wein verkehrt herum getrunken zu haben. Aber jetzt fühlt er sich wie neu geboren! Vielen Dank!" rief sie und entschwand aus dem Laden, einen sprachlosen Apotheker zurücklassend.

Da hatte des „Käuzle" die Idee: Frankenwein ist Krankenwein! Welch ein Geschäft ist da zu machen! Am nächsten Tag waren die Regale aufgefüllt mit Bocksbeuteln mit der Aufschrift: „Bester fränkischer Krankenwein" Seine Apotheke wurde zum Unwillen der Weinspitäler zum besten Weinverkauf in der Stadt. Und das Beste: Alles auf Krankenschein!

Übrigens hat man noch bis vor hundert Jahren, als es noch keine Infusionen gab, den Kranken im Juliusspital Einläufe aus Traubenzucker, Ei und Frankenwein gegeben. Beschwert hat sich darüber noch niemand.

Abbildungen

S. 33	*Die Stift Haug – Kirche mit der Kuppel von Antonio Petrini. Glaubt man dem, was man erzählt, so ward der Baumeister nicht mehr in Würzburg gesehen, als man seine Kuppel der Feuertaufe unterzog.*
S. 34 - 35	*Die fürstbischöfliche Residenz zu Würzburg ist eine der schönsten Barockbauten in Europa. Das Geld für den Bau erhielt der Bischof Franz von Schönborn aus einem Prozess mit dem Gallus von Hohlach.*
S. 36	*Hoch über der Stadt grüßt vom Nikolausberg das Wallfahrtskirchlein „Käppele“.* *Balthasar Neumann entwarf es kurz vor seinem Tod und es zählt zu den schönsten Kirchenbauten des bekannten Architekten.*

- 5 -
Der erschde Tschibo in Würzburch

***1697** eröffnete in der Domstraße ein Ernst Nikolaus Strauß das erste türkische Cafehaus in Würzburg. Strauß war ein getaufter türkischer Kriegsgefangener der Türkenkriege, der in Würzburg ansässig wurde. Er röstete seinen Mokka selber und schenkte ihn der erfreuten Würzburger Gesellschaft aus. Der Bischof war hocherfreut über das exotische Getränk, das köstlich schmeckte und die Leute am Tag nicht müde machte, wie der Wein oder das Bier.*

Mer solls ned menn. Wennsd heud in der Domstrass beim Tschibo dein Kaffee drinksd denkd kenner drann, dass scho vor dreihunnerd Jahr e Kaffeelädele in der Domschdrass geschdanne had. Es war 1697 als e Dürk, den se in der Dürkekriech vergesse ham, in der Domschdrass sein Mogga der Würzburcher verkeffd had. Damals warn wie heut die gleiche Gesichder jeden Tach mid der Tass am Tisch geschdanne und ham sich über Gott und die Welt unterhalde. Geschmarrd ham se damals wie heud übers gleiche Zeuch. So schdehd damals e Würzburcher an seim Tischle und lehnd sich über sei Kaffeetass als ener mit seim Tässle dazukommd:

„Dürf ich mich dazu stell?“
„Was frägsd denn, mechsd doch scho“
„Also der Türck mechd fei een gude Mogga. Des is scho mei zwedde Tass.“
„Je besser der wird, desdo deurer wird er. Neulich had er

noch ee Kreuzerle gekost und jetzt blechsd schoo zwee!"
„Es wird hald alles deurer alleweil. Der Bischof had scho widder die Schdeuer auf Wein und Bier erhöhd. Die erschde fünf Schluck sin für die Katz oder annerschd, fürn Säckel vom Bischof!"
„Am besde du fängst mit em sechsde an, ab da is es dann Vergnüche."
„Übrichens, was sache se denn zum neue Bischof?"
„Na ja, was soll ich sach, der Neue is a ned annersch als der Alde."
„Da hasd Rechd, der Neue war hald ein enger Vertrauter vom Alde, also ändern tut sich nix!"
„Vor allem ned zu seiner Meinung gecheüber der Fraue. Von denne häld er alleweil ned viel. Neulich had sich emal e Nönnle von der Ebracher Fräulein darüber aufgerechd. Die had feich echde Schwierichkeite gegriecht!"
„Mach kee Zeuch, gell mer had se verbrennd?"
„Um ein Haar wärs bassiert. Übrichens, ham se scho emal des Hörnle, was se da ess in den Mogga neigedunkt. Des schneckt feich brima!"
„Ja, des gläbsd. Du dürfsd des nur ned sol lang neigedunk, sonsd bleib dei Hörnle drinne und du musd löffel."
„Ee Mogga ohne Hörle is wie ee Kuss ohne Schörrle!"
„Des had des Nönnle a gesechd!"

- 5 -
Der erste Tchibo in Würzburg

Der Kaffeeladen vom Tchibo in Würzburgs Domstrasse ist nicht nur ein täglicher Treffpunkt der Kaffeetrinker, sondern auch ein beliebter Treffpunkt der Müßiggänger und Frührentner mit regem Umweltinteresse. Was keiner der „Kaffeetanten" jedoch weiß, dass es bereits vor 200 Jahren eine Kaffeebude in der Domstraße gegeben hat. Ein in den Türkenkriegen vergessener Türke schenkte damals einen selbstgerösteten und sehr starken Mokka aus, der selbst Tote zum Leben erweckt hat. Viel hat sich seitdem nicht geändert, der Mokka ist vielleicht etwas dünner, die Würzburger sind aber dieselben und die Gespräche, die man bei der Tasse Mokka führt, drehen sich um die gleichen Themen wie eh und je:

„Ist es gestattet sich dazu zu gesellen?" fragt höflich ein offensichtlicher Neuwürzburger einen Einheimischen am Tisch.

„Was frägsd denn, mechsd doch scho" antwortet dieser mürrisch.

„Also der Türke, der macht einen so hervorragenden Mokka, es ist schon meine zweite Tasse." Kam mit einer Seelenruhe zurück.

„Je besser der wird, desdo deurer wird er. Neulich had er noch ee Kreuzerle gekost und jetzt blechsd schoo zwee!" raunzte der Würzburger.

„Ja, es wird eben alles teurer. Der Bischof hat soeben wieder die Steuer für Bier und Wein erhöht. Die ersten fünf Schlucke vom Glas Wein gehören seinem Steuersäckel!" konsternierte der Neufranke.

„Am besde du fängst mit em sechsde an, ab da is es dann Vergnüche.“

„Was sagen Sie denn zu unserem neuen Bischof?“ fragte der Nachbar und rührte in seiner Tasse

„Na ja, was soll ich sach, der Neue is a ned annersch als der Alde.“ Kam es knurrend zurück.

„Da haben Sie Recht. Der Neue ist auch ein Vertrauter des verstorbenen Bischof, also wird sich nicht viel ändern.“

„Vor allem ned zu seiner Meinung gecheüber der Fraue. Von denne häld er alleweil ned viel. Neulich had sich emal e Nönnle von der Ebracher Fräulein drüber aufgerechd. Die had feich echde Schwierichkeite griecht!“ sprachs und nahm einen Schluck aus der Tasse.

„ Nein, sagen Sie bloß - hat man sie deswegen dann verbrannt?“ vernahms überrascht sein Nachbar.

„Um ein Haar wärs bassiert. Übrichens, ham se scho emal des Hörnle, was se da ess in den Mogga neigedunkt. Des schmeckt feich brima!“ wobei der Würzburger sein Gebäck in den Mokka gleiten ließ.

„Da haben Sie aber Recht. Das schmeckt vorzüglich. Sie müssen nur darauf achten, dass sie es nicht zu lange hineinhalten, sonst bleibt das Hörnchen in der Tasse und man kann es nur mit dem Löffel herausnehmen.“ fachsimpelte sein Gesprächspartner.

„Ee Mogga ohne Hörle is wie ee Kuss ohne Schörrle!“ schnalzte der Würzburger mit der Zunge.

Worauf sein Gegenüber sagte. „Das hat die Nonne von den Ebracher Fräulein auch gesagt!“

- 6 -
Romeo und Julia am Mee

1682 *Verliebte sich die Nichte des Bischofs Wilhelm von Wernau, die 16 jährige Johanna von Wernau in den Hofmarschall Wilhelm Specht von Bubenheim. Der Onkel war gegen die Beziehung, die er nicht standesgemäß fand und verbot seiner Nichte den Umgang. Trotzdem vermachte er ihr in seinem Testament sein Vermögen mit der Auflage, dass bei einer Heirat mit dem ungeliebten Hofmarschall dieses wieder in den Besitz des Klosters Unterzell gelangen soll. Nach dem Tod des Onkels heiratete die Nichte den Geliebten. Das Kloster Unterzell verlangte daraufhin einen Teil des Erbes in einem Prozess von Johanna zurück und obsiegte schließlich 1731.*

Die Schdorry von Romeo und Julia aus Idalie kennd ee jeder und finds se schön. Aber kenner von der Würzburcher wess, dass mir a en „Romeo und e Julia" mal gehabd ham. Damals 1682, beim Bischof Wilhelm von Wernau is die Schdorry bassierd:

Der Bischof had e klenne Nichde gehabd, die had Johanna geheisse. Des war e schönns Mädle: blond mit Sommersprosse und ee knaggichs Figürle. Die Johanna is damals oft zum Ongel gange und hadn besuchd. Zuersch weche dem gudde Esse, weil der Ongel ee Feinschmegger war, und späder weche dem Ongel sein Hofmarschal. Der war e sauberer Kerl und had gud ausgeschaud. Wilhelm Specht had er geheisse und Sprüch had er geklopfd wie sei Vedder aus em Tierreich. Die zwee ham sich gesuchd und gefunne. Jeden Dach ham se im Park aufem Bänkle gesesse, Händle gehalde und sich tief in die Aache geguckt. Des had der Bischof spitz gekriecht und es is ihm der Kamm gestieche: „Der Kerl, der Specht, der taucht nix!“ had er gerufe „Der kriecht mein Nichde ned!“ Zuerschd had er der Johanna verbode den Wilhelm zu treffe. Had nix genutzt. Die Johanna hat sich heimlich mit ihrem Süsse in der Kirch bei der Mess getroffe. Des hat der Pfarrer spitz gekriecht und dem Bischof gesteckt. Der is Fux-Teufels-wild worn und hat sei Johanna zitiert: „Mädle, wennst net die Finger von dem Kerl lässt, steck ich dich ins Kloster zu der Nönnli!“ Die Johanna hat sich gedacht, wennst scho ins Klosder nei kommst, dann wenigstens net als Jungfrau. Und had den Wilhelm erscht recht oft getroffe.

Der Bischof had net lang gefackelt und die Johanna nach Unterzell zu de Nönnli neigesteckt. Dann hat er sei Testament geändert und verfücht, dass die Johanna alles kriecht, was er hat. Wenn se allerdings den Specht heiert, den Verregger, dann krieche sei Vermöche die Nönnli in Unterzell.

Die Johanna hat dem Wilhelm heisse Liebesbriefe geschriebe und ihm heimlich nach der Abendmess unnerm Klosterpförtle zugeschobe. Der Wilhelm hat sei Briefle mit der Taube geschickt und manch eins von seim Federvieh is gebrade aufem Disch von der Nönnli gelanded. So is des gange bis der Ongel geschdorbe war. Da warn die zwee zwar nix mehr die jüngste, aber geliebd ham se sich trotzdem und auch sofort geheiert. Jetzt ham sich die Nönnli von Unterzell gemeld und wollde ihr Recht ausem Testament. Dreissich Jahr ham se prozessiert und am End gewonne. Des war aber deseenziche, wo die Geistlichkeit gewonne had. Die Johanna und ihr Wilhelm sin zamgebliebe bis an ihr Lebensend. Und wenn se ned geschdorbe sind.......

- 6 -
Romeo und Julia zu Würzburg

Denkt man an Verona, so kommt einem sofort die Romanze von Romeo und Julia in den Sinn. Mit Würzburg verbindet die Stadt in der Lombardei in dieser Hinsicht auf den ersten Blick wenig. Falsch gedacht, auch Würzburg hat seine Romanze mit zwei Liebenden und die hat sogar ein Happy End!

Es beginnt ganz harmlos im Jahr 1682. Da regierte einst der Fürstbischof Wilhelm von Wernau in der Stadt, ein bis heute nicht sonderlich bekannter Mann. Dieser hatte eine Nichte mit Namen Johanna. Ein Bild von einem Mädchen, das jedem Bondgirl standhalten konnte:
Blond mit langem Haar, ein Lächeln wie die Mona Lisa und ein Figürchen wie die Venus von Milo. Apropos Bond, eine gewisse Affinität zu dem Geheimagenten wohnt der Geschichte inne. Wen wundert's, wenn sich ein junger Mann in so ein himmlisches Geschöpf verguckt hat. Und dieser junge Bursch war Wilhelm Specht von Bubenheim, seines Zeichens aufstrebender Hofmarschall am Hofe des Bischofs. Zwischen den beiden, wen wundert's, entbrannte eine heiße Liebesromanze, jedoch sehr zum Missfallen des Onkels. Dieser hatte von dem Treiben der beiden Liebenden erfahren und hielt den Auserwählten seines Standes, aus welchen Gründen auch immer, für seine Nichte als unwürdig.

Mit allen Mitteln und mit aller ihm zur Verfügung stehender Macht versuchte jener humorlose und gefühlslose Onkel - Bond! - die Liebenden auseinander zu bringen. Viel Fantasie hatte er dabei nicht, da er zu den seinerzeit üblichen Mitteln griff: Den Specht warf er ins Gefängnis - wieder Bond! - und die Johanna steckte er ins Kloster Unterzell – kein Bond! -. Doch die Fantasie von Liebenden ist weitaus einfallsreicher als die Repressalien eines religiös gebundenen Oheims. Man schrieb sich aus dem Gefängnis flammende Liebesbriefe mit Geheimtinte aus Zitronensaft – Bond mit Q -, die der Johanna unter der Klosterpforte zugesteckt wurden. Keine Drohung konnte die Johanna von ihrem Vorhaben abhalten, ihrem Wilhelm die Treue zu halten. Auf Geheiß des Bischofs log man ihr vor, der Verlobte hätte die Ehe mit einer anderen eingegangen. Doch die Freunde des Wilhelm aus dem Kreis der Offiziere, mit denen Johanna noch Umgang im Kloster pflegen durfte – böse ist, wer böses denkt - , berichteten ihr etwas anderes. Sogar einem Mordanschlag – Bond! - auf Geheiß des Bischofs – überstand der Auserwählte unbeschadet. Der Bischof änderte sogar sein Testament, in dem die Nichte als Erbin nur unter der Bedingung vorgesehen war, dass sie nicht eine Ehe mit dem Specht eingehen würde. Andernfalls würde das Vermögen dem Kloster Unterzell zufallen.

Wie im Agentenfilm der böse Bube am Ende nicht seinem verdienten Schicksal entrinnen kann, erging es auch dem bösen Onkel. Dieser verstarb und sofort gingen Johanna und Wilhelm die Ehe ein. Eigentlich ein glückliches Ende, wenn da nicht die Nonnen in Unterzell gewesen wären, die jetzt auf ihr Recht pochten und die Klausel aus dem Testament einklagten – Bond mit M -. Fast 30 Jahre später bekamen sie Recht und das Geld.

Übrigens, schade, dass es keinen Balkon in Würzburg gibt, auf dem die beiden sich trafen.

- 7 -
Pulver für die Residenz

__1719__ wird dem aus Tauberbischofheim stammenden Jakob Gallus von Hohlach der Prozess vom Fürstbischof Johann Franz von Schönborn gemacht. Ihm wurde Veruntreung von „Türkengeldern“ vorgeworfen und er wurde zu einer Zahlung von 500.000 Gulden verurteilt. Jakob Gallus war einst Diener des Bischof Greiffenclau, der sich mit dessen Vertrauen als Organisator und Finanzfachmann hochgedient hatte und sogar geadelt wurde. Nach dem Tod wendete sich das Blatt und er fiel bei den Schönborns in Ungnade.

Im November 1719 ham se dem bischöflichen Beamde Jakob Gallus aus Tauber dem Prozess gemecht, er soll heimlich Geld unterschlache ham. Am fürstbischöfflichem Gerichd erging dann folchendes Urteil:

„Der ehrenwerde Jakob Gallus von Hohlach wird verurdeild, an den ehrenwerden Fürsdbischof Johann Philipp Franz von Schönborn eine Summe von 500.000 Gulden zu bezahle. Im übriche wird em sei gesamdes Vermöche eigezoche und, wenn's Pulver ned reicht zum Bezahle, verkeffd!“

Der Bischof Schönborn had sich gefreud und in die Händ geschbetzt für so en Hauf Pulver. Sei Ongel, der Bischof von Bamberch gewese is und Kurfürst von Mainz had em geschriebe: „Lieber Neffe, lech des Geld in Immobilie an, des had Zukunft! Am besde du baust e Eikeffzendrum oder e hohes Hodel. Aber wenn der mir folchsd, dann bausd der e schönns Schlössle für dich. Ich hab bei der Franzmänner in Paris e schöns gesehe, des wird der gefalle!“ Gesachd, gedan, der Schönborn had dem Ongel gefolchd und von dem Pulver die Residenz gebaud. Und wie mer heud sieht, had er des Pulver damit gut agelechd.

Aber woher had des Bäuerle aus Tauber so een Haufe Geld gehabd und was war bassiert, das er des Geld had hergeb gemüss? Der Jakob war e armer Deifel aus Tauber, der Vadder war e Seiler und had Hahn geheisse. Weil aber Hahn blöd glunge had, had er sich ladeinisch Gallus genennd und is Diener beim Bischof Greiffenclau worn. Der Gallus is dem Bischof weche seinem gude Benehme aufgefalle: er had kee dreggiche Finger gehabd, schö immer „Grüß Gott“ gesachd und gut rechen gekönnd. Des had dem Greiffeclau gefalle und er had en zum seinem Finanzbeamde gemechd. Ee schlauer Hund war er scho, der Gallus. Had dem Bischof Pulver herbebrachd vom Kaiser, von der Bürcher und von der Adeliche, was dene ned gefalle had und een Rochus auf dem Gallus gehabd ham. Der had sich a e paar schönne Häusle gebaud und kenne klenne, wie der beim „Echderhaus“ siehst. Als der Greiffeclau geschdorbe war is dem Gallus sei Vorgestzter Bischof worn: der Franz von Schönborn. Und der had immer mitgezähld, was der Gallus verdient hat. Als er noch emal nachgerechend had, had er festgestellt, dass in der Kass vom Gallus 500.000 Gulde gefehld ham. Der Gallus had zwar gemend, dass er des beim lezde Einkeffbummel in Würzburch ausgebe had, aber er had hald kee Quittung gefunne. Und der Schönborn had em dann den Prozess gemechd, wo des Urteil ergange is.

- 7 -
Woher das Geld für den Residenzbau gekommen ist

Im November des Jahres 1719 erging am fürstbischöflichen Gericht zu Würzburg gegen den Hofbeamten Jakob Gallus von Hohlach, dem vom Bischof der Prozess wegen Veruntreung von Geldern gemacht wurde, ein Urteil, mit dem er zur Zahlung von 500.000,00 Gulden verurteilt wurde.

Für den Bischof Franz von Schönborn war dies ein unerwarteter Geldsegen und für die damalige Zeit kam die Summe einem Lottogewinn mit Jackpot gleich. Sein Onkel, der Kurfürst von Mainz und Bischof von Bamberg, selbst ein begeisterter Bauspekulant, empfahl dem Neffen das Geld zukunftssicher in Immobilien anzulegen. Geeignet wären nach seiner Meinung Kaufhäuser zum Geldausgeben für die Bürger oder Gasthäuser für die Reisenden, auch das wäre gerade in Mode. Wenn er jedoch sich selbst was Gutes antun möchte und wer von den Reichen mochte dies damals nicht, so empfehle er ihm eine kleine Residenz. Er habe bei seiner letzten Reise nach Frankreich schöne Objekte gesehen. Am besten habe ihm das in Versailles gefallen, den Architekten kenne er persönlich und könnte die notwendigen „Connections" herstellen. Dass der Neffe dem Rat des Onkels folgte, ist heute erwiesen. Die Residenz zu Würzburg steht dem französischen Vorbild in nichts nach.

Aber woher hatte der Gallus, jener Parvenu aus Tauberbischofheim, so viel Geld und was war damals schiefgelaufen, dass er es in einem Prozess gegen den Bischof verloren hat? Jakob Gallus hatte eine Bilderbuchkarriere vom armen Sohn eines Seilers aus Tauberbischofsheim bis zum Direktor der Hofkammer gemacht. Mit einem lateinischen Künstlernamen „Gallus", für den profan klingenden Namen Hahn, wurde er zuerst Diener am Hofe des Fürstbischofs Greiffenclau zu Würzburg. Dass man es mit guten Manieren weit bringen kann - auch heute noch - zeigt die Laufbahn des Gallus. Er fiel dem Bischof auf und rasch wurde dieser ein Vertrauter des Greiffenclaus. Offensichtlich hatte er Talent als Organisator und Finanzfachmann, man würde heute bei dieser Konstellation von einem „Lobbyisten" vom Schlag eines Schreibers" sprechen. Dem Fürstbischof verschaffte er Einnahmen aus allen Gesellschaftsschichten, angefangen vom Kaiser, den er überredete mehr Sold für die Truppen zu zahlen bis zum gemeinen Bürger, der mehr Steuern zahlen musste. Mit so einem Posten macht man vielleicht Geld aber keine Freunde, vor allem dann nicht, wenn man sich selbst schöne Häuser und einen aufwendigen Lebensstil gönnt. Der inzwischen zum Jakob Gallus von Hohlach avancierte Parvenü baute sich in der Stadt Herrenhäuser, die heute noch in der Bronnbacher Gasse und als Echterhaus an der Juliuspromenade zu sehen sind.

Das Blatt wendete sich für den Gallus nach dem Tod des Bischofs Greiffenclau, als sein Vorgesetzter, der Adelige Franz von Schönborn Nachfolger wurde. Sicherlich hat die Missgunst eine Rolle gespielt, als der neue Bischof dem Gallus den Prozess machte und ihm Unterschlagung von 500.000 Gulden zum Vorwurf machte. Der Prozess endete in dem eingangs erwähnten Urteil zu Lasten des Gallus.

Ein Denkmal sucht man allerdings vergebens an der Residenz für den Mann, der das Geld zum Residenzbau gegeben hat, wenn auch unfreiwillig!

- 8 -

Wie der Neumanns Balthasar Architekt worn is

***1711** kam der 24 jährige Balthasar Neumann aus Eger nach Würzburg und trat in die Gießhütte von Johann Ignaz Kopp ein. Anschließend erlernte er unter dem Ingenieurleutnant Müller die Architektur. Seine Karriere am Hofe der Fürstbischöfe führte ihn bis zum leitenden Baudirektor, der die gesamte Stadtplanung einschließlich den Residenzbau unter sich hatte.*

Als der Bischof Schönborn sei Plänle in Angriff genomme had, in der Stadt herinne e schöns Schlössle für sich zu baue, had er eichendlich alles gehabd: hinner der Domhöf had er schöns Grundstückle gehabt, was gepassd had, nadürlich erschlosse; des Pulver had er dem Jakob Gallus abgeknöpft, was fürs erschde zum Rohbau gereichd had . Nur enner, der ihm die Plänle mecht und auf der Baustell der Capo is, der hadem gefehlt. Aber „das Glück is e Rindviech und suchd seines gleiche" und wies der Zufall is, hader den richtiche Baumesder griechd, den Balthasar Neumann. Wie sich späder rausgestellt had, wars der Beste und, was die Würzburcher besonders freud, er hat nix gekost. Und des war so:

Gud dreisich Jahr vorher is bei der Neumanns im Böhmerwald, genauer in Eger, Nachwuchs komme. Weil des Kerle am Dreikönichsdach komme is, hamsen nach enne von der drei Köniche, Balthasar genannt. Als der Bub aus der Schul komme is, had die Mudder gemend, das er was gescheids lernd und em zur Verwandtschaft nach Würzburch geschickd. Da alle Nas lang der Bischof oder der Kaiser ee Kriechle geführt hat und mer Kanone gebraucht hat, war Kanone und Gloggegießer kee schlechde Sach und so is der Balthasar in e Gießerei am Schotteanger komme. Der Balthasar war ned schlecht als Schdifd und hat sich net dumm angestellt, aber sei Traum war halt, Baumesder zu wern. Heimlich iser nach der Arbeit im Städtle rumgeschliche, had sich die schönne Häuser vom Bischof und der Domherre angeguggd und Plänle gemechd.

Eines Daches solld der Balthasar zum Ingenieurleudnand Müller hem, weil der e neue Schelle für sei Hausdür gebrauchd had. Die Magd had den junge Schdifd ins Arbeitszimmer neigeführd, wo er ward had gesolld.
Da ham lauder Plänle rumgeleche und dem Balthasar sin die Auche ausem Kopf gefalle, so was hader noch nid gesehe. Auf em Plänle war viel rumgekrizzelt, weil er anscheinend ned weidergewussd hat, der Müller. Also had der Balthasar des Plänle schnell abgezeichend und mit hem genomme. Dahem had er dann so lang probiert, bis des Häusle fertich gewese is. Als er nach e paar Dach des neue Glöggle zum Müller gebracht hat, had er sei Plänle aufem Disch zu der Plän neigeschobe. Es had ned lang gedauerd und der Müller stand in der Gloggegieserei und had nach dem Schdifd gefrechd, der wo des Glöggle gebrachd hat. Zuerschd had der Balthasar gemend, jetzt griechd er e Fuhr, aber es is annersch komme. Der Müller haden soford mir zu sich genomme und dort is er bei ihm in die Lehr gegange. Dord war er so gud, dass der Müller dem Bischof Schönborn em empfohle had und er der Baumesder des Bischofs wurde.

- 8 -

Wie Balthasar Neumann der Baumeister des Bischofs wurde

Als der Bischof Franz von Schönborn sich anschickte seine Residenz zu bauen, hatte er fast alles, was man dazu benötigt: hinter den Domhöfen zwischen der Stadtmauer besaß er ein passendes Grundstück, natürlich erschlossen. Die Finanzierung war dank des gewonnenen Prozesses gegen Jakob Gallus vorerst gesichert. Zumindest reichte es für den Rohbau. Nur ein geeigneter Architekt und Baumeister fehlte ihm noch. Aber wie der Volksmund sagt: „Das Glück ist ein Rindvieh und sucht seinesgleichen!" kam ihm der Zufall dabei zur Hilfe und er bekam einen jungen und talentierten Baumeister: Balthasar Neumann. Wie sich später herausstellte, war dies nicht nur in bautechnischer Hinsicht ein Glücksgriff, auch was die Kosten anbelangte ein preiswertes „Eigengewächs" aus heimischen Stallungen. Wie das Talent entdeckt wurde, erzählt folgende unwahre Geschichte:

Dreißig Jahre vorher wurde im böhmischen Eger der Familie Neumann ein Sohn am Dreikönigstag geboren, den man Balthasar nannte. Nach der Schule wurde er von seiner Mutter zur Ausbildung zu Verwandten nach Würzburg geschickt. In dieser damals kriegerischen Zeit war der Beruf eines Kanonen- und Glockengießers zukunftssicher und so begann der junge Balthasar seine Lehrzeit in der Koppschen Kanonen und Glockengießerei am Schottenanger. Der junge Neumann stellte sich durchaus nicht ungeschickt an und dank seines Fleißes und seiner Intelligenz wurde man auf ihn in der Werkstadt aufmerksam. Seine Liebe galt jedoch der Architektur und so oft es die wenige Freizeit erlaubte, ging er durch die Stadt und zeichnete die herrschaftlichen Bauten der Domherren und reichen Bürger nach.

Eines Tages wurde dem jungen Balthasar aufgetragen in das Haus des Ingenieur-Leutnants Müller zu gehen und den Auftrag einer neuen Glocke zu erledigen. Der Ingenieur-Leutnant war der oberste Baumeister des Fürstbischofs und gerade mit dem Bau der Zehntscheune auf der Festung beschäftigt, die wider Erwarten Schwierigkeiten machte. Man führte also den Lehrjungen in das Büro des Müllers, wo er warten sollte. Der junge Neumann kam aus dem Staunen nicht heraus, da er zum ersten Mal ein Architekturbüro sah mit den vielen Plänen. In der Mitte lag der Entwurf der Zehntscheune. Offensichtlich hatte man Schwierigkeiten, was aus den vielen Korrekturen des Plans ersichtlich war. Balthasar nahm sich ein Stück Papier, zeichnete den Plan rasch ab und nahm ihn mit nach Hause. Dort tüftelte er solange herum, bis er die Lösung hatte. Die nahm er beim nächsten Besuch im Hause Müller mit und schob den Plan in einem unbeobachteten Moment unter die Entwürfe.

Kurz danach stand der Ingenieur-Leutnant in der Werkstatt und fragte nach dem Lehrbub, der ihm die Glocke gebracht hatte. Entgegen dessen Befürchtungen jetzt bestraft zu werden, wurde er sofort von Müller mit in sein Büro genommen und fortan als Architekt von ihm ausgebildet. Lange hat es nicht gedauert, da wurde der junge talentierte Architekt dem Fürstbischof vorgestellt und als Baumeister der Residenz bestellt.

- 9 -
Zoff in der Residenz

***1720** erfolgte die Grundsteinlegung der Residenz unter dem Fürstbischof Phillip Franz von Schönborn. Der junge und bis dahin kaum bekannte Balthasar Neumann war der Architekt. Er starb 1753 kurz nach der Vollendung der Fresken im Treppenhaus und dem Kaisersaal durch Tiepolo. Die Vollendung der Residenz hatte er nicht mehr erlebt.*

In Würzburch is es der Bauwirtschafd noch nie besser gange als zur Zeit, wo se die Residenz gebaud ham.
Auf der Baustell warn dächlich fast 500 Bauarbeiter, die mesde Mäurer sin aus Rimpar gewese. „Ladde, Mördel, Moschd und des letztere zuerschd" war dere ihr Sprüch. Der Neumanns Balthasar als Capo had von seim Balkönle in der Franziskanergass jeden Dach nübergeschaud, ob die Leud schaffe und es vorwärts geht aufem Bau.
In der Stadt hamse auch rumgewürchd und an jeder Eck is gebaud worn. E jeds had gemend, er muss sich e schöns Haus aus Stee bau, wie die Domherre oder zumindst sei Hütte mit so Zeuch und Gelumb verzier, wie des Falkehaus am Markt. Der Grund warum des so gewese is, war dass der Bischof Schönborn damals die Abschreibung nach 7 be eigeführd had. Derjeniche, der sei Hüdde schö herrichd oder neu baud brauchd 10 Jahr kee Steuer zahl. Des war e Word!

Auf der Resi is es gud vorwärds gange bis der Schönborn geschdorbe is. Dann war erschd emal Feierabend, weil der Nachfolcher had gemend, es wär kee Bulver mehr da. Da had er zwar grundsätzlich Rechd gehabd, aber du

hasd doch kee Bauruine steh lass gekönnd.
Der Neumanns Balthasar war dere Zeid auf schlechd Wedder gestanne und is dann nach Wien gange, wo Verwandtschaft vom Schönborn gewese is. Die ham en dann zum Hildebrands Lukas gebrachd, der der Baumesder vom österreichische Kaiser gewese is. Als die zwee zam komme sin hasd gleich gemerchd, die könne ned midenanner. Der Hildebrands Lukas had gemend, was will des Bäuerle vom Land, kommd daher und will mer sach wie mer e Schlössle baut. Der Neumanns Balthasar had sich gedachd, was will der Großkopf mir sach, ich lass mer doch ned von dem ans Bee pinkeln! Ward, dem zeich ich's, wenn er nach Würzburch kommd.

Nach em Jahr wars soweit und der Österreicher war in Würzburch. Als se an der Residenz gestanne ham, had der Hildebrand gefrechd, wie lang se schon dran baue. „20 Jahr" had der Neumann gesechd. "Sowas mache wir in zwee Jahr!" kam vom Hildebrand schnibbisch. Beim Dom kam die gleiche Frache und der Neumann sechd: „Gut200 Jahr." „In Wien dauerd des höchsdens 50 Jahr!" Auf der Alden Meebrück gugge se nauf zur Fesdung und der Hildebrand frechd nomal wie lang se dort gebaud ham. Der Neumann guggd nauf zur Fesdung, überlechd kurz und sechd: „Na so was, gesdern war die feich noch ned da!"

- 9 -
Streit beim Residenzbau

Die Blütezeit der Würzburger Bauwirtschaft liegt zweifellos in der Residenzbauzeit. An der Residenz waren täglich bis zu 500 Bauarbeiter beschäftigt. Balthasar Neumann beobachtete sie von seinem kleinen Balkon auf dem Dach seines Hauses in der Franziskanergasse. Die meisten Maurer kamen vermutlich aus Rimpar, einem Ort, wo heute noch jeder zweite am Bau beschäftigt ist und deren Wahlspruch lautet: „21 Sachen braucht der Maurer
- 1 Kasten Bier und die Bild-Zeitung!"

Auch in der Stadt wurde dank einer § 7b – Verordnung des Bischofs an jeder Ecke gebaut: Derjenige, der sein Haus im neuen barocken Stil errichtete oder das vorhandene mit schönen Zierrat an den Außenwänden verzierte, brauchte 10 Jahre keine Steuern zu zahlen. Das ließen sich die Würzburger nicht zwei Mal sagen und, wie man am schönen Falkenhaus am Markt noch heute sieht, entstanden prächtige Häuser.

Durch den überraschenden Tod des Franz von Schönborn stoppte der Residenzbau bis auf weiteres. Sein Nachfolger Franz von Hutten war ein Gegner der hochtrabenden Pläne der Schönborns und so gab es bis auf weiteres nichts mehr für Neumann zu tun. Dieser nutzte diese Zeit für seine Fortbildung und so unternahm er Reisen an den Hof des französischen Königs nach Versailles und an den kaiserlichen Hof nach Wien. Dort war ein Schönborn in leitender Position tätig. Er brachte den Architekten mit dem kaiserlichen Hofarchitekten und damals führenden Baumeister Lukas von Hildebrand zusammen.

Die Chemie hat, wie man sagt, von Anfang an nicht gestimmt zwischen den beiden großen Baumeistern. Sah doch der weltmännische Hildebrand in dem unbekannten Neumann einen Emporkömmling, so war umgekehrt der Hildebrand für Balthasar Neumann ein arroganter Aristokrat, der seine Arbeit nicht zu würdigen wusste. Folgende Anekdote erzählt man sich in Würzburg:

Als Lukas von Hildebrand auf einen Besuch in Würzburg weilte, führte ihn Balthasar Neumann durch die Stadt und zeigte ihm stolz die wichtigsten Bauten der Stadt. An der Residenz fragte Hildebrand, wie lange man schon an ihr baue. „Gut 20 Jahre schon" antwortete Neumann. So was würden sie in Wien in höchstens 2 Jahren bauen, kam schnippisch die Antwort des Österreichers. Am Dom angekommen fragte dieser wiederum nach der Bauzeit. „200 Jahre haben sie damals an dem gewaltigen Bauwerk gearbeitet!" sagte stolz Neumann. In Wien baue man so etwas in höchstens 50 Jahren, antwortete Hildebrand. Als sie auf der Alten Mainbrücke standen, blickte Hildebrand staunend hoch zur Festung und fragte Neumann ein weiteres Mal nach der Bauzeit. Dieser blickte hinauf, überlegte kurz und antwortete: „Na so was, gestern hat die noch nicht hier gestanden!"

- 10 -
Kunsdfeuerwerch: Residenz und s Käbbele!

***1751** kam der damals bekannteste italienische Maler Giovanni Baptista Tiepolo mit seinen Söhnen nach Würzburg und malte zu einem fürstlichen Honorar die Fresken im Treppenhaus und im Kaisersaal.*
***1747-1750** baute Neumann das Käppele, eine Wallfahrtskirche auf dem Nikolausberg.*

Als der Bischof Carl von Schönborn gewähld wor is, is es wieder weidergange an der Resi. Es Bulver war zwar scho ausgange, aber mit er ordendliche Hypodech gings wieder. Jetzt erschd rechd, had der Bischof gesechd und alle berühmde Künsdler nach Würzburch gehold, dies damals in Euroba gäbe had.

Der Neumann hat grad sei Kubbel überm Treppehaus fertich gehabd, als der Hildebrand komme is und gemend had: „Wenn die häld, lass ich mich in der Mitte aufhäng!" Der Neumann had gemend: „Da kannsd e Kanon drunner abfeuer, die hält!" Der enne had sich ned aufgehängd und der anner kee Kanon abgefeuerd, gehalde hadse trotzdem bis heut, sogar als im Kriech die Bombe drauf gefalle sin.

Die schönsde Bildli had damals der Tiebolo aus Wenedich gemald. Der had hergemüssd, egal was kost!. Der is gleich mit seiner Leud und Verwandschafd aus Idalie komme, had gewohnd wie der Fürschde und nix dafür bezahle had müss. Es had sich gelohnd. Des Trebbehaus und den

Kaisersaal had er so schö ausgemald, könnsd heud noch heul, wennsd drunnerstehsd. Am Bild von Euroba had er alle neigemald die wo am Bau geschaffd ham: sozusache ee Grubbebild: Da siehsd den Neumann aufem Kanönle hock; der Tiebolo glotzd mit der Söhn aus der Eck nüber zum Bischof und der Gibser Bossi, der wo die schönne Schneggli und Hörnli an die Wänd gegibsd had, schaud eweng debberd nunner. Die annere, die mitgeschafft ham sin nix mehr drauf gange, sonsd häds noch mehr gekost. Nach zwee Jahr war er ferdich und had für sei Ärberd 22.000 Gulde griechd, was heud e Loddogewinn wär - mit Tschäggbodd!

Als Abschluss had der Balthasar Neumann am Nikolausberch des schönne Käbbele gebaud, was kenner mer heud miss möchd. Seid dem dreisichjähriche Kriech sin die Leud nauf zum Käbbele gewalld. Dord soll damals ee klenner Fischerbu es schönne Madonna aus Holz geschnitzd gefunne ham, die ihn und sei Leud vor der Schwede bewahrd had. Zu dem Gnadebild sin die Wallleud jeds Jahr an Pfingsde naufgewalld und ham gebed. Mid dem Käbbele had der Neumann sei schönsd Kirchle gebaud, noch schönner als Vierzehnheiliche, hald klenner. Aber passd mer auf, wennsd bei der Wallfahrd mitmechsd, die hads fei in sich. 256 Stufe gehe nauf und auf jeder mussd dich niederknie und ee „Gegrüßed seisde Maria" bed. Da wessd wasd am Abend geschaffd hasd: die Knie dun der weh und die Gosch is drogge. Wennsd ned soviel Sünde aufem Kerbholz hasd oder e Brodesdand bisd, kannsd a midem Büssle naufmech: Linie 35!

- 10 -
Grandioses Finale: Residenz und Käppele

Wie sich die Zeiten gleichen! Je nach Regierung und welche Partei das Sagen hat, werden Projekte gefördert oder „auf Eis gelegt". Zu Neumanns Zeiten bestand die Regierung aus einer Person oder mehreren aus einem Geschlecht. So ist es auch verständlich, dass die Residenz Baustop hatte, bis der „Neue" - Fürstbischof Carl von Schönborn - das Werk seiner Vorfahren fortsetzte.
Was nun unter ihm und seinen Nachfolgern folgte, war ein Kunstfeuerwerk, wie es seitdem Würzburg nie mehr erlebte. Alles was Rang und Namen hatte in der europäischen Kunstszene wurde zum Bau der Residenz verpflichtet:

Als der große Konkurrent Neumanns aus Wien - Lucas von Hildebrand - in Würzburg das gigantische Gewölbe über dem Treppenhaus zum ersten Mal sah, soll er ausgerufen haben: „Unglaublich, welch ein Bauwerk! Wenn die hält, so lass ich mich in der Mitte aufhängen!" Dem soll Neumann entgegnet haben, dass man sogar eine Kanone darunter abfeuern könne, ohne dass das Gewölbe Schaden nehmen würde. Wie dem auch sei, weder der eine musste sein Leben lassen, noch der andere den technischen Gegenbeweis antreten. Erst hunderte Jahre später kam der Bestätigung für die Baukunst Neumanns, in dem das Gewölbe die furchtbare Bombennacht des 16. März 1945 fast schadlos überlebte.

In welche Gigantomanie die Bauwut der Würzburger Fürstbischöfe beim Residenzbau geriet, zeigt das Beispiel des Malers Giovanni Battista Tiepolos. Der seiner Zeit berühmteste Maler wurde mit dem Ausmalen des Gewölbes und des Kaisersaales beauftragt. Da dieser gleich mit Familie und seiner Werkstatt in Würzburg logierte, kann man sagen, dass die Venezianische Schule für drei Jahre in Würzburg stattfand. In einem Gruppenbild mit Dame, wobei hiermit nicht die Frau des Fürstbischofs gemeint ist, sondern Europa mit dem Stier, vereinigte Tiepolo alle am Bau beteiligten Künstler. So ist er selbst mit seinen Söhnen Domenico und Lorenzo verewigt, wie er sein Werk aus einer Ecke betrachtet, auf einer Kanone ruhend ist Neumann zu sehen und der später dem Wahnsinn verfallenen Stuckateur Bossi blickt den Betrachter in einem Blick über die Schulter an.

Stand die Residenz als Symbol für die weltliche Gewalt des Fürstbischofs, so kann man das Käppele auf dem Nikolausberg als das Symbol für die geistliche Herrschaft des Bischofs sehen. Mit diesem architektonischen Kleinod hat sich Balthasar Neumann ein unsterbliches Kleinod für die Nachwelt gesetzt. Dieses „Spätwerk“ Neumanns, das er kurz vor seinem Tod schuf, ist in Form, Ausstattung und Einbindung in die Landschaft im wahrsten Sinne des Wortes vollkommen. Damit wird die Bedeutung des „Käppele“ als Wallfahrtskirche unterstrichen. Seit dem Dreißigjährigen Krieg findet jedes Jahr eine Wallfahrt am Pfingstsonntag zum Gnadenbild der Muttergottes statt. Es empfiehlt sich jedoch eine genaue Gewissensprüfung bei jedem Gläubigen, ob er sich der Wallfahrt anschliesen soll. 256 Stufen führen in einem einzigartigen Kreuzweg hinauf auf den Nikolausberg und an der Wallfahrt muss jeder Gläubige auf jeder Stufe ein „Ave Maria“ beten. Weniger sündenbeladene Katholiken oder auch den Protestanten sei hier der Hinweis erlaubt, dass die Buslinie 35 jeden deutlich bequemer hinauf bringt.

- 11 -
Residenz ferdich – Hochschdifd bleide!

Am 19. August 1753 stirbt Balthasar Neumann mit 66 Jahren. Die Fertigstellung der Residenz, sein Hauptwerk, hat er nicht mehr erleben können. Mit dem Bau der Residenz hatten sich die Fürstbischöfe finanziell übernommen und waren in ständiger Geldnot. In ihrem Ideenreichtum kamen sie auf die absonderlichsten Ideen. Bischof Franz von Ingelheim versuchte vergeblich mit Alchemie Gold herzustellen. Bischof Friedrich von Seinsheim führt am 21. April 1757 das Lotto im Hochstift. Auch Balthasar Neumann wurde mit 1000 Gulden jährlich bescheiden bezahlt, wenn man die Bezahlung von Tiepolo mit 22.000 Gulden für 2 Jahre Arbeit vergleicht.

Reich worn is kenner im Hochschdifd an der Residenz. Die Bischöf ned, der Neumann ned und scho gar ned die Würzburcher! Als der Bischöf des Geld für die Resi ausgange is, sin se auf die dollsde Ideee komme:

Der Franz von Ingelheim had gemend, mer könnd doch besdimmd Gold hergeschdell. Der Ingelheim war ee großer Chemiger, wahrscheins had er als klenner Kerl von der Eldern ee Chemiebaukasde zu Weihnachde geschenkd griechd. Die ham zwar als emal geschend, weil in der Residenz arch nach Schdinkbombe geschdungge had, wenn der klee Franz geköcheld, aber es war hald ee schlaus Kerlche. Als er eweng mer mit der Chemie gekönnd had und Bischof war, had er in der Hofkämmerei vor der Resi e richdigs kleen Fabriggle gebaud und wolld Gold

hergeschdell. Wie der Miraculix isser nachds neigange und had rumgekochd. Eines Daches war er so in Fahrd in seim Hexeküchle, überall had gebrodeld und geköcheld, der Dampf is aus der Röhrle gestieche und es had arch geschdunge wie Sau. Auf eemal hads een fürchderlichen Schlach gedan und die Küch is samd der Kämmerei in die Lufd gefloche. Du hasd den Schlach ned gehörd.
Dem Ingelheim wars ned schad um die Kämmerei, weil die den Platz vor der Residenz geschdörd had und so is der Residenzplatz entstanne.

E paar Jahr späder had der Friedrich von Seinsheim die Idee midem Loddo gehabt. Sechs aus Neunevierzich oder so hads damals a scho gäbe. Tschäggbodd noch ned.
Von der Kanzel ham die Pfaffe nunergebredichd, die Leud solle schö brav am Samsdach ihr Kreuzle mech und viel schbiel. Am Sonndach had dann e Loddofee - wahrscheinlich ee Nönnle von der Ebracher Fräulein - die Küchele gezoche und am Mondach warn se an der Tür von der Residenz gestanne. Des ganze is eichendlich gud gange bis der Bischof Erthal komme is, der hads als Sünd verbode.

Auch der Baumesder Neumann is ned reich worn.
Die Bischöf ham en kurz gehalde und ihn bezahld als einfacher Soldat. Des had hinne und vorne ned gereichd und ständich had er um Geld beddeln müss. Die Großkopferde ham aber ihr Leud klein gehalde. Für die Maria Theresia had er schönne Plänle fürs Trebbehaus der Hofburch gemechd und die hadem dafür e golds Tabakdösle geschenkt, obwohl er Nichdraucher gewese is. Als er mid 66 geschdorbe is war sei letzde Worde: „Mehr Geld!"

- 11 -
Als die Residenz fertig war, war das Hochstift bankrott

Sieht man einmal aus heutiger Sicht davon ab, welch grandioses und einmaliges Bauwerk die Residenz zu Würzburg ist, so hat sie den daran Beteiligten seinerzeit keinen Wohlstand gebracht, weder den Fürstbischöfen, noch dem Balthasar Neumann und schon gar nicht den Würzburgern selber. Als sich das Geld beim Bau dem Ende neigte und man noch weit entfernt von der Fertigstellung gewesen ist, kamen die Bischöfe auf die absonderlichsten Ideen der Geldbeschaffung:

Der Bischof Franz von Ingelheim, ein begeisterter Hobbyalchemist, kam auf die Idee Gold herzustellen und es für den Residenzbau zu verwenden. Schon als junger Aristokrat interessierte er sich sehr für die Chemie, was dadurch noch gesteigert wurde, dass er von seinen Eltern einen Chemiebaukasten zu Weihnachten geschenkt bekam. Seit dieser Zeit hat es bei den Ingelheims des öfteren im Schloss nach faulen Eiern gerochen oder seine Durchlaucht wurde durch das Krachen der selbst gebauten Feuerwerke aus dem Mittagsschlaf gerissen. Als der Franz von Ingelheim dann Bischof in Würzburg wurde und sich seine Mittel erhöhten, kam er auf die Idee eine kleine Chemiefabrik gegenüber der Residenz neben der Kämmerei zu bauen. Hier verbrachte er manche Nacht bei brodelnden Reagenzgläsern und dampfenden Kolben in der Hoffnung, es möge eines Tages Gold dabei herauskommen. Das erhoffte Glück trat jedoch nicht ein und stattdessen flog die ganze Mischpoke eines Tages in die Luft mitsamt der ganzen Fabrik und der angrenzenden Kämmerei. Schade war es dem Ingelheim nicht um die Kämmerei, diese hatte ihn schon lange gestört, und so entstand der Residenzplatz in seiner heutigen Größe.

Sein Nachfolger Friedrich von Seinsheim griff zu weniger gefährlicheren Methoden der Geldvermehrung und führte die erste Lotterie in der Stadt ein. Jeden Freitag sind die Bürger zur Lottoannahmestelle gelaufen und haben ihre Kreuzchen in die Kästchen gesetzt. Das ganze wurde auch noch von der Geistlichkeit unterstützt, die die Gläubigen sonntags in der Predigt zum Spielen animierten. Man darf die Behauptung wohl ins Reich der Phantasie verbannen, dass die Glückszahlen sonntags in einem der Nonnenkloster gezogen wurden und eine Novizin dabei als Glücksfee fungierte. Montags darauf wurden die Zahlen dann an der Tür der Residenz angeschlagen und für viele war es dann wieder nichts mit den erhofften Millionen.

Auch der Balthasar Neumann wurde kein reicher Mann mit dem Residenzbau. Sein Salär war äußerst bescheiden, er wurde sogar lange wie ein einfacher Soldat entlohnt. Dass man damit keine großen Sprünge machen konnte, kann man sich lebhaft vorstellen, nicht vorstellbar ist jedoch, dass er ständig um Geld beim Bischof regelrecht betteln musste. So erhielt er beispielsweise für die Planung eines grandiosen Treppenhauses der Hofburg Maria Theresias lediglich ein kleines goldenes Tabaksdöschen, was ihm nichts nutzte, zumal er Nichtraucher gewesen ist. Als ihn mit 66 Jahren das Zeitliche segnete sollen deshalb seine letzten Worte auch „Mehr Geld!" gewesen sein.

- 12 -
Wein aus em Vierröhrebrunne aufem Schpetzplatz

1763 wird der Vierröhrenbrunnen am Ende der Domstraße nach Entwürfen des Baumeisters Lucas van der Auvera von Peter Wagner in seiner heutigen Gestalt gebaut. Der Brunnen war Teil der Wasserleitung, die Balthasar Neumann 1733 in der Stadt gebaut hatte. Nach Bischofswahlen und bei Kaiserbesuchen soll im 18. Jahrhundert weißer und roter Wein aus den vier Röhren geflossen sein.

Wennsd dich in der Schdad mit em treff willst, dann sechst, er soll zum Vierröhrebrunne komm. Der steht seid dere Zeid aufem Schpetzplatz vorm Rathaus, wo se die Residenz baud ham.

Davor war aber scho immer ee Brünnle da geschdanne. Da ham se noch mid em Emmer s Wasser hochgezoche, wenns dahem Subbe gäbe had oder Kaffee kocht is oder wenn Waschtach gewese is.

Als der Baldasar Neumann sei Residenz gebaud had is des aber blitzardich annersch worn. Der Bischof had zum Neumann gemend, er soll doch nebe seim Schlafzimmer auch e Klo bau mit Wasser und Kanal. Es würd nix mer pass, wennsd so e schö Residenzle hasd und du müssd alleweil in Garde naus renn, wennsd dich in die Büsch schlach müssd. Also had der Neumann in der Schdad e Wasserleidung gebaud und een Kanal. Wasser hads drause am Steinberch gäbe, da war der Wasserdurm.

Von da had der Neumann ee Leidung gelechd bis vors Radhaus. Die Wasserleidung war aber aus Bleiröhrli und mer had gemennd, dass der Drugg vom Wasser zu arch is und es blatz gekönnd. Mir Männer kenne uns da aus.. Also had der Neumann e Brünnle am End von dere Wasserleidung gebaud. Des war ee Säule aus Stee, wo vier Röhrle rauskomme sin. Des war ee Mords Gaudi, als zum erschde Mal Wasser rausgeschbritzt is aus denne Röhrli. Die Würzburcher ham fliessend Wasser nur vom Mee gekennd. Also sin se zamgelaffe und ham geglotzt. Weil des so schö war, ham se gleich ee Fesdle veranschdald und des Brünnle schö eigeweihd. Und was soll ich euch sach, bei dem Fesdle is dann für Wasser - Wein rauskomme! Da des vier Röhrle warn is zweemal Riesling und zweemal Silvaner rauskomme. Und weil des dere Würzburcher so gud gefalle had, ham se des immer wieder so gemechd, wenn e neues Brünnle eigeweihd worn is. Aber alleweil is kee Geld mer im Säggel und mir warde scho seid fasd dreissich Jahr, dass e neus Brünnle eigeweihd wird. Wahrscheins dauerds noch emal so lang.

Schbäder ham sich die junge Kerl nachem Fasching am Spetzplatz getroffe und ihrn Geldbeudel im Brunne ausgewasche. Des soll geholfe ham, dass er widder voll wird mit Bulver. Auf die Idee des midem Schdadsäggel des zu mech, is noch kenns komme. Vielleichd hilfds und dann könne mer ee neus Brünnle widder eiweih!

Abbildungen

- 12 -
Wein aus dem Vierröhrenbrunnen

Will man sich mit einem Freund, seiner Frau oder seiner Freundin in der Stadt verabreden, so trifft man sich immer am Vierröhrenbrunnen. So lange man denken kann, steht dieser Brunnen vor dem Rathaus auf dem „Spetzplatz“, so nennen ihn die Würzburger. „Spetzen“ ist fränkisch und heißt „Spucken“.

An dieser Stelle stand seit alters her schon immer ein Brunnen. Im Mittelalter war es noch ein Ziehbrunnen, aus dem man mühsam das Wasser zog zum Kochen oder Waschen. Es ist daher nur verständlich, wenn man sich im Mittelalter sparsam wusch und es auch nicht jeden Tag Kaffee gab.

Das änderte sich dann blitzartig als der Balthasar Neumann die Residenz gebaut hat. Sein Auftraggeber, der Fürstbischof, ging auch damals schon mit der Zeit und der letzte Schrei war nun einmal ein Bad mit Toilette, wie es der Regierungskollege in Versailles schon sein eigen nannte. Es schickte sich einfach nicht mehr in die Büsche zu schlagen, und wenn doch, dann hatte dies andere Gründe. Kein Problem, sagte der Herr Architekt, mit einer Wasserleitung und einem Kanal lässt sich das bewerkstelligen. Ein Wasserturm am Steinberg war schnell gebaut und auch die Wasserleitung rasch verlegt. Diese wiederum endete damals vor dem Rathaus und nunmehr stellte sich das Problem mit dem sich alle Männer bisweilen konfrontiert sehen: Überdruck in der Leitung. Es wäre

verwunderlich, wenn dieses ureigene männliche Problem nicht auch von Männerhand gelöst worden wäre.
Ein Brunnen schaffte den nötigen Auslaß! Und so errichtete man eine Steinsäule auf dem Spetzplatz und aus vier Eisenrohren floss munter das Wasser heraus.

Welch ein Jubel, welch ein Trubel herrschte in der Stadt, als das Wasser herausspritzte, kannte man fließend Wasser seinerzeit in Würzburg nur vom Main her! Ein Fest musste her um das Brünnlein gebührend einzuweihen.
Am Tag des Festes war es dann soweit: Anstatt Wasser kam aus den Rohren zur Überraschung Wein herausgespritzt: Aus 2 Rohren kam Silvaner und aus 2 Rohren Riesling heraus; wer mischen wollte, bekam Rieslaner!
Diese nette Tradition der Einweihung hielt sich in Würzburg bis in die heutige Zeit. Doch lange ist es her, dass in Würzburg ein Brunnen mit Wein eingeweiht wurde.
Die Ebbe im Stadtsäckel ist Schuld an der Misere. Warten doch die Würzburger seit 1987 auf einen neuen Brunnen und dessen Einweihung.

Vielleicht hilft eine andere schöne Tradition dem Stadtkämmerer zu neuen Geldquellen. Wenn die jungen Burschen früher nach dem Fasching (alias Karneval) kein Geld mehr im Beutel hatten, gingen sie zum Vierröhrenbrunnen am Aschermittwoch und wuschen den Beutel mit Wasser aus. Das soll geholfen haben bei jeder Art von Beutel. Warum nicht auch beim Stadtsäckel?

- 13 -
Die erschde Gasdarbeider oder Muldikuldi in Würzburch

Durch den Residenzbau wurden viele auswärtige Künstler an den Hof von Würzburch gelockt und in deren Gefolge auch Kaufleute, die sich hier sesshaft niederließen, die van der Auveras aus Flandern, die Curees aus Frankreich und die Bossis und Oeggs aus Italien. Viele der italienischen und französischen Neuwürzburger blieben in der Stadt und noch heute gibt es Zeugnisse ihres Schaffens in Kunstwerken, Firmennamen oder Bürgernamen.

Wenns heud durch die Schdad lefsd, es reichd a scho die Domschdrass, und du guggsd emal in die Gschäfdle nei, mennsd ganz Euroba und der Oriend is verdrede. Beim Beniddo keffsd seid ewicher Zeid dei Eis, drübe verkeffd der Holländer sei Blümles, beim Dönerhaus hasd e türkisches Deigangmenü in em Kuflade, eweng weider vorne grichsd Nüdeli beim Chines im Winzermännle und, ach schau da, is sogar noch e Würzburche Geschäfdle, wosd Hörnli ekeff kannsd getu.

Des mit dem Muldikuldi had bei uns aber scho mid der Residenz damals angefange. Von überal her sin die Handwerksleud zu uns komme, die wo berühmd warn und ham e guds Geld beim Bischof verdiend. Der Diebolo is mit seiner Leud aus Venedich, der Ögg und der Bossi aus Tirol, der Auwera aus Flandern und e baar Franzose warn a dabei. Des is für die Würzburcher und vor allem für des Würzburcherische ned ohne Folche gebliebe und so kannsd heud noch e baar Brogge ausländisch in der Sprach find:

So is damal auch die Weinschorle nur bei uns erfnde worn, auch des Word is ausem Französische komme. Enner von der Franzose, die beim Neumann auf der Baustell geschaffd ham, is damals gern in die Wirtschaft gange und had geschöbbeld. Weil der ned genuch Bulver gehabd had, had er immer Wasser in sein Becher gefüllt, wenn der Wein halb gedrunge war. Nach e paar Schdund is der Franzmann in ne gude Schdimmung komme und es ware auch e paar schönne Mädle in der Wirdschafd, die em gefalle ham. Dann had der Franzos es singe von der Liebe angefange und „toujours l amour" in der Wirdschafd rumgeblärrd. Die Würzburcher singe gern mid wenn's lusdich is, nur mid der französiche Schbrach habberds eweng. Und so hamse anschdadd „toujours làmour" immer „Tuschurle-Murrle" geblärrd, wenn se mid dem Franzose midgesunge ham und wenn se een Franzosewein, halb Wasser und halb Wein beschdelld ham, ham se „Schorrle-Morrle" geblärrd.

Had was ned fungzionierd, so wars e „Peuteterle" (von franz: „Peut-etre") - vielleicht gehds - vielleichd gehds auch ned.

Wennsd dich heud blöd anstellsd, secht mer: Mach kee „Fisimatende". Dabei ham des die Mädle zu der Mudder gesechd, wenn se ihren Schatz ham treff gewöllt: „Mir gehe mal die Dand besuche!" (in franz: Visiter ma tante") und die Mudder had hinne nach gerufe: "Mach mer kenne Fisimatende!

- 13 -
Multi-Kulti in der Stadt

Wenn heute Schlagwörter wie Multi-Kulti oder Integration in den Gazetten oder der Politik die Runde machen, so scheint es damals beim Bau der Residenz kein so wichtiges Thema gewesen zu sein, obgleich die meisten am Bau der Residenz Beteiligten aus dem benachbarten Ausland kamen: Die Architekten Curee und Bofrand aus Frankreich, die van der Auveras aus Flandern, Oegg aus Tirol und Bossi und Tiepolo aus Italien. In deren Gefolge kamen Handwerker und Kaufleute, die Handel betrieben und deren Familien über Generationen in Würzburg sesshaft wurden. Neben der Vermischung mit der Bevölkerung fand aber auch eine Aufnahme ausländischer Worte in den Sprachgebrauch Einzug. Heute noch hat manch täglich gebrauchter Ausdruck seinen Ursprung im Französischen oder Italienischen.

So erzählt man sich, dass seinerzeit ein Franzose die örtlichen Weinlokale in regelmäßiger Wiederkehr täglich aufsuchte und , obgleich er kein Geld hatte oder nur wenig, täglich sein Glas Wein genoss. War es dann halb leer getrunken, so füllte er es stets mit Wasser auf, um so seinen Besuch zu verlängern. Kam er dann in gute Stimmung, so begann er ein Lied von der Liebe zu singen: „Tousjours l amour!" schallte es durch das Lokal. Die anwesenden Gäste ihrerseits stimmten bisweilen in das Lied ein. Da diese des Französischen nicht mächtig waren, wurde aus dem „Tousjours l amour" bei den Würzburgern ein „Tuschurrle- Murrle". Bestellte man dann noch einen Wein, wie ihn der Franzose halb mit Wasser zu trinken pflegte, so bestellte man eine „Schorle- Morrle" oder wie man heute zu sagen pflegt: Bitte eine Weinschorle!

Wenn etwas nicht funktioniert, ein Feuerzeug vielleicht, so sagt man heute „Peuteterle“ dazu, von peut-etre kommend: vielleicht geht's - vielleicht geht's nicht.

Sagt man heute: „Mach keine Fisimatenten“, so weiß man gar nicht, dass diese Wort von „Visiter ma tante“ kommt. So sagten die jungen Mädchen zu ihrer Mutter: „Ich geh mal die Tante besuchen!“ wenn gleich sie in anderer Absicht sich mit dem Liebsten trafen.

- 14 -
Im Sommer nein Hofgarde in Veidsbach

***1756-1768** Fürstbischof Adam Friedrich von Seinsheim gestaltete sich das ehemalige Jagdschloss des Julius Echter von Mespelbrunn in Veitshöchheim als Sommerresidenz und als Rokokogarten für die Sommermonate um. Künstler der Residenz wie van der Auvera, Peter Wagner, Antonio Bossi und Ferdinand Dietz wirkten an der Ausgestaltung mit.*

Me kenns ja im Sommer, da isses in der Schdad arch heeß und die Brüh läffd der den Buggel nunner. Me sechd ja auch dann, „heud schwidzd sogar der Faulsde!“ Und so isses damals auch dem Bischof von Seinsheim gange und so had der sich gedachd, wie schö wärs jedzd drausse aufem Land und am liebsde in em klenne Schlössle, ned groß, so 12 Zimmer, 20 Diener mid em Koch, was hald brauchsd zum Lebe. Mensch, da hammer doch e klenne Immobilie in Veitsbach, so e Jachdschlössle, des könnd ich mer herrichd.

Und so had er sich des Schlössle in Veitsbach eweng ausgebaud. Damals wie heud had a der Bischof Events gebrauchd, denn Freizeid hader genuch gehabd.
Dafür hadern schönne Garde gehabd und den had er sich hergerichd. So had er sich e klenns Theader für sich und sei Gäsd mid schönne Hecke gebaud. Wenn er auf die Jachd gange is ham se baar Seil im Garde geschbann und rote Labbe hiegehend. Da hamse die Hirsch und Reh neigejachd und der Bischof had von seim Dürmle runner

geschosse. Da had er braggdisch ned danebeschiess gekönnd. Als isen mal enner von der Hirsch aber „durch die Labbe gange".

Eines nachds had der Seinsheim was rechds merkwürdiches gedräumd: Er wär geschdorbe und inen Himmel neigefahre. Als er so langsam naufschwebd durch die Wölggli is er auf eemal bei der Grieche im Gödderhimmel gewese. Nix zu sehe weid und breid vom Jesuskindle, von der Maria und der liebe Godd lässd sich a ned blicke. Dafür gibds een Haufe Gödder, schönne Mädli und Muse und der Apoll steht da und winkt em zu: „O hochwohlgeborener Seinsheim sei uns willkomme" sülzd er rum. Dan hockt er sich midde nei zwische der Musik, der Malerei, der Schauspieler und wie se sonst noch heiße. Obe aufem Berch war e schönns weiss Pferdle geschdanne mid Flüchel und is davongefloche. Plötzlich is die Himmelsdür aufgange und der Pedrus had gerufe:"Komm Seinsheim, swird Zeid fürn Himmel!" aber der had zurückgeruffe:"I will ned nei im Himmel, lass mer mei Ruh,es gfälld mer da viel besser!" Und so isser aufgewachd und alle Weld had sich gewunnerd, warum der ned im Himmel neigewölld.

Den himmlische Traum had er sich erfülld und im Schlössle von Veitsbach midde nei in See den Berch mid dem Pferdle gebaud und alle sin se drunner: die Musik, die Malerei, die Schauspielerei, nur er fehld. Er hald hald doch e schlechds Gewisse kriechd weche seim Chef!

- 14 -
Der Hofgarten in Veitshöchheim

Im Sommer ist das Klima in der Stadt oft unerträglich; wegen der Kessellage Würzburgs staut sich die Wärme und die kühlen Winde wehen über sie hinweg. So muss es auch zur Zeit der Fürstbischöfe gewesen sein, da sie sich häufig im Sommer außerhalb der Stadt auf dem Land aufgehalten haben. Nun geschah es, dass der Bischof Seinsheim sich nicht mehr mit einem kühlen und kargen Kloster zufrieden geben wollte, war man doch das angenehme Residenzleben gewohnt mit seinen Annehmlichkeiten. Hatte man nicht noch eine kleine Immobilie in Veitshöchheim, ein Jagdschlösschen, kam es ihm in den Sinn? Und so beauftragte er seinen Architekten dieses standesgemäß umzubauen: nichts großes, etwas intimes, so 12 Zimmer und Unterkünfte für das notwendigste Personal: 20 Diener und Köche.

So verbrachte der Bischof dann die Sommermonate in Veitshöchheim, wobei oft Besuch vorbei kam. Damals wie heute mussten auch Events zur Unterhaltung abgehalten werden und dazu hatte man reichlich Platz im umliegenden Garten. Heckentheater waren in Frankreich der letzte Schrei und so baute man eines gleich neben das Schlösschen. Auch der Jagd frönte man bisweilen, jedoch bitte nicht so anstrengend wie anderswo. Es wurden Seile im Garten gespannt, an die man rote Lappen hängte. Hirsch, Reh und Damwild wurde innerhalb der Seile getrieben und der Bischof pflegte nach dem Essen von seinem Jagdturm auf das Wild zu schießen. Bloß ab und zu ging ihm halt ein kapitaler Hirsch „durch die Lappen!“

Eines Tages hatte der Bischof einen seltsamen Traum, vermutlich hatte er schwer zu Abend gegessen. Es träumte ihm, er sei gestorben und seine Seele fuhr hinauf gen Himmel. So weit - so gut. Aber anstatt zum katholischen Himmel aufzufahren, kam er in den griechischen Götterhimmel. Anstatt Christus, Maria und dem lieben Gott erwarteten ihn Apoll, umgeben von den schönen Künsten. Apoll winkte ihm zu und lud ihn ein, Platz zu nehmen: „O hochwohlgeborener Seinsheim, sei uns willkommen und nimm Platz in unserer Mitte. Über ihm auf dem Parnass stand ein weißes Pferd mit Flügeln und schlug einen Quell in den Berg mit seinen Hufen. Plötzlich ging die Himmelstür auf und Petrus rief hinüber: „Komm Seinsheim, Zeit für den Himmel!" Der rief zurück: „Nein, ich will nicht in den Himmel, hier ist es viel schöner!" Und so wachte er auf und alle Leute um ihn herum wunderten sich, warum er sich weigerte in den Himmel zu kommen.

Seinen Traum hat er sich schließlich doch erfüllt und mitten im See einen Musenhügel gebaut und alle sind darum gruppiert: Apoll, die Musik, die Malerei und das Pferd mit den Flügeln. Nur der Seinsheim fehlt, vielleicht hat er Angst vor der eigenen Courage und „seinem Chef" bekommen.

- 15 -
Wie des Mozartfesd zu uns komme is

***27. September 1790** Mozart machte auf seiner Fahrt von Nürnberg nach Frankfurt, wo er der Kaiserkrönung beiwohnen wollte in Würzburg eine Kaffeepause und vermerkte in einem Brief an seine Frau Constanze: „Liebes, bestes, Herzens-Weibchen.......Zu Nürnberg haben wir gefrühstückt – eine hässliche Stadt. Zu Würzburg hatten wir unseren teuren Magen mit Kaffee gestärkt, eine schöne, prächtige Stadt."*

Jeds Jahr im Sommer wird im Hofgarde der Residenz des Mozartfesd gefeierd und een Haufe Leud komme zu der Konzerde. Am schönnsde is aber immer die klenne Nachdmusig im Hofgarde. Wenns warm is kannsd dich naushogg aufem Deggle und wenn die Kerzle leuchd dei Schöbble dring und dere Musig zuhör. Warum des Mozardfesd aber ausgerechnd bei uns gefeierd wird, wisse die wenichsde und des kam so:

Es war Ende Sebdember im Jahr 1790, als der junge Wolfgang Amadeus Mozard sich von Wien nach Frangfurd aufgemechd had. Dort wolld er hi zur Krönung vom Kaiser Leobold, dem hadder nämlich e klenns Konzerdle kombonierd und gehoffd, dass es em gfälld und ers auch bezöhld kriechd. In Nürnberch hadder schlechd geschlaffe unds Frühschdüg war aned gud und so isser schlechd gelaund nach Frangfurd gefahre. Als der Kutscher am ledzde Hieb grad noch emal Gas geb wölld unds Beidschle had schnalls gelass, had des Kütschle een Bladde kriechd, eichendlich is die Achs gebroche. „Sauerei," had der Amadeus gefluchd, „was mache mer jedzd? Morche muss ich in Frangfurd sei, sonsd kann ich mer mei Kombosidion am Hud schdeck unds war nix!" „Euer Gnade," had der Kutscher gemennd „mir brauche e neue Achs, sonsd wirds nix aus Frangfurt. Erlaube mir noch anzumerke, dass mer kee Geld ham für die Reberadur."

Es is bekannd, dass der Mozard e armer Schlugger gewese is und die Musigschreiberle wenich kriechd ham fürs komboniere. „Ich schau emal, was ich mech kann, vielleichd had der Bischof eweng Geld für mich." sachds und geht in die Schdad zum Bischof Erdal. Der Erdal had den Mozard gekennd und gesachd: „Also des Bulver für die Achs kannsd ham, aber nur wennsd mer ee Konzerdle für mei Feier im Hofgarde morche Abend schreibsd!" „Ich hab kee Zeid, morche muss ich beim Kaiser sei. Aber ee klenne Nachdmusigg kann ich vielleichd hiegriech!". mennd der Amadeus. "Reichd," mennd der Bischof, „ich schlaf sowieso immer ei bei dere Musig!"

Und so had er Mozard die klenne Nachdmusig geschriebe und e neue Achs kriechd. Seid dere Zeid wird die klenne Nachdmusig jeds Jahr im Hofgarde geschbield.

- 15 -
Wie Mozart nach Würzburg kam

Der Höhepunkt des Würzburger Kulturlebens ist jedes Jahr im Frühsommer das Mozartfest in der Residenz mit der kleinen Nachtmusik im Hofgarten. Als noch niemand von Open-Air-Konzerten sprach, wurde im Hofgarten unter einem sommerlichen Sternenhimmel Live Musik von Mozart gespielt. Anstatt Wunderkerzen nahm man richtige Kerzen, der Joint wurde durch einen Bocksbeutel ersetzt und die Decke zum Lümmeln auf der Wiese durfte auch nicht fehlen. Nun gibt es viele Geschichten über die Entstehung der „Kleinen Nachtmusik“ von Mozart, die folgende ist aber weithin unbekannt und dürfte auch in keiner Mozart-Biographie zu finden sein:

Es war ein schöner Spätherbsttag im Jahr 1790, als sich der junge Mozart von Wien aufmachte, in Frankfurt der Kaiserkrönung des Kaisers Leopold II. beizuwohnen. Aus diesem Anlass hatte er eigens ein Krönungskonzert komponiert mit dem Hintergedanken, dies dem Kaiser nicht nur zum Gefallen vorzuspielen, sondern auch dafür fürstlich entlohnt zu werden. Weiß man doch, dass Hochzeiter dem Anlass entsprechend immer sehr spendabel sind. In Nürnberg muss der junge Amadeus schlecht geschlafen haben und auch das Frühstück soll ihm nicht gemundet haben und so fuhr er mit schlechter Laune über Würzburg gen Frankfurt. Beim letzten Hieb wollte es der Zufall, dass der Kutscher es noch einmal krachen lassen wollte, was zu viel des Guten und der Achse war, welche brach. „Quel Malheur!“ kam es entsetzt französisch aus dem Munde des jungen Komponisten, da „Scheiße“ zu ordinär geklungen hätte. “Was nun? Ich muss morgen in

Frankfurt sein, sonst habe ich das Stück für den Kaiser umsonst geschrieben!“ Der Kutscher, ein einfacher Mann des Volkes antwortete: „ Euer Gnaden, wir brauchen eine neue Achse, sonst können wir nicht weiter nach Frankfurt. Erlaube mir anzumerken, dass wir kein Geld zur Reparatur haben!“

Bekanntermaßen waren Musiker damals wie heute immer knapp bei Kasse und so antwortete Mozart: „Meines Wissens gibt es in Würzburg einen kunstsinnigen Bischof. Ich werde zu ihm gehen und ihn bitten, uns in der Not zu helfen.“ Der damals regierende Bischof Franz-Ludwig Erthal war dem Ansinnen Mozarts durchaus nicht abgeneigt, meinte aber hierfür eine Gegenleistung fordern zu dürfen. Morgen Abend hätte er ein kleines Gartenfest im Hofgarten und hierfür wollte er ein passendes Musikstück von Mozart geschrieben haben. Lang könne die Komposition nicht werden, dafür habe er keine Zeit, meinte Mozart, aber eine kleine Nachtmusik könne er schnell schreiben. „Ausgezeichnet, „ antwortete der Bischof „ lang müsse es nicht sein, ich schlafe sowieso immer beim Konzert ein!“

Und so hat Mozart die kleine Nachtmusik geschrieben und seine neue Achse bekommen. Seit dieser Zeit wird in Würzburg im Hofgarten die kleine Nachtmusik beim Mozartfest im Hofgarten gespielt.

- 16 -
Der letzde Fürsdbischof

__1803__ Mit dem Reichsdeputations-Hauptschluss wurde das Herzogtum Franken nicht mehr vom Fürstbischof regiert. Der seit 1795 regierende Karl Georg von Fechenbach erklärte am 8. Januar, dass er weiterhin Bischof von Würzburg und Bamberg bleiben wolle. Damit endete die jahrhundertlange Regentschaft der Fürstbischöfe in Franken. Die Domherrenhöfe wurden aufgelöst, die verbleibenden Domherren erhielten Wohnrecht auf Lebenszeit.

Es had sich scho seid einicher Zeid angekündichd, dass des mid dem Fürsdbischof in Würzburch nix mehr lang dauern wird. Ewich hads Ärcher gäbe zwische der Franzose und den Österreichern, mid denne die Bayern gemeinsame Sache gemechd ham. Die Franzose ham damals Würzburch besedzd und Schdad und Fesdung arch geschliffe. Der Bischof Schorsch von Fechebach is seinerzeit jedsmal schdifde gange, wenn's brennzlich worn is und desweche hamse den auch „Schdifde-Schorsch" genannd. Mal is er nach Werneck ins Schlössle, mal wieder in Osde nach Meininge abgehaud. Er had gemennd, er will ned, dass sei Würzburcher weche ihm leide, desweche schleichd er sich davo. Es war aber ned so, dass der Bischof nur sei Unnerhose midgenomme had, nee – dazu had er noch in zehn Kütschli e paar Adeliche neigebackd und 25 von seiner Diener mid Koch selbsdverständlich. Was mer hald so brauchd fürs Nödiche wensd emal schnell verreist must.

Der Fechebach had scho geschbürd, dass es eng wird

in Euroba. Sei Kollech in Frankreich war scho bei der Revolzuzion 10 Jahr vorher draufgange. Überall sin se der Adeliche an den Karre gefahren und wennsd kee Beziehunge gehabd hasd im Ausland, dann wars besser du hasd dich ned gemuchsd. Der Fechebach had gude Beziehunge im Ausland gehabd und so had er gemend, sei Kolleche könne ihm helf. So had er von seiner Leud e baar Diplomade nach Paris zu der Revoluzzer, nach Wien zum Kaiser, nach London zum englische Könich geschiggd. Als alles nix genutzt dat is er zum bayerische Könich nach Münche gange und gefrechd, ob er ihm helf gekönnd. Es had alles nix genutzt, in Euroba ham se alles neu aufgedeild. Die Großkropferde warn sich einich, wer zu klee war, den ham se geschluggd und der Fechebach mid seim klenne Würzburch war hald dran. Und dann isses komme wies hald heud noch alleweil bassierd: Den Fechebach ham se mid Geld zugeschisse bis er freiwillich abgedankt had.

So wars kee Verlusd für die Würzburcher, wenn der Bischof am 8. Januar 1803 gemend had, er häd jetzt die Schnauze voll mit dere Kriechle-Spiele und wöllert ned länger des Herzochtum rechiere. Ab sofort had er gemennd, wöllert er nur noch Bischof für die Würzburcher sei und sonsd ness.

- 16 -
Georg von Fechenbach ist der letzte Fürstbischof

Schon seit geraumer Zeit standen dunkle Wolken über dem Fürstbischoftum im Hochstift Franken und alles deutete auf ein nahes Ende der Jahrhunderte dauernden Herrschaft hin - Götterdämmerung. Über dem Kopf des kleinen Herzogtums braute sich eine großpolitische Schlechtwetterlage zusammen. Frankreich lag mit den Österreichern im Streit und die benachbarten Bayern schlugen sich auf die Seite der österreichischen Nachbarn. Die Franzosen hielten damals Würzburg besetzt, die Stadt war geplündert und die Festung geschliffen. Den Ereignissen war der Fürstbischof Georg von Feschenbach nicht mehr gewachsen, entweder lag es daran, dass er keine Macht mehr hatte oder an seinen Nerven, vielleicht auch an beiden. Wie dem auch gewesen sei, der Bischof gab jedes Mal Fersengeld als es brenzlig wurde in der Stadt und schon bald hatte er den Beinamen „Georg der Flüchtige". Mal sah man ihn in der Sommerresidenz in Werneck, ein anderes Mal im thüringischen Meiningen. Mit Rücksicht auf seine bedrohten Würzburger, denen er Leid ersparen wollte, habe er das Weite gesucht, so wand er sich in Erklärungsnöten, während seine Bevölkerung die Pein von Besatzung und Krieg erdulden musste.
Mit kleinem Reisegepäck schlich er sich von dannen und nahm nur das Nötigste mit: 20 Kutschen, eine Dienerschaft von 20 Bediensteten zuzüglich Koch und eine Kaltmamsel. Natürlich in Begleitung einiger auserlesener Adeligen auf deren Unterhaltung man nicht verzichten wollte.

Bisweilen beschlich den Bischof von Fechenbach ein ungutes Gefühl, war doch sein französischer Kollege vom Mob in Paris entgegen seinem ausdrücklichen Willen um Hauptesgröße gekürzt worden. Jetzt zeigte es sich vorteilhaft, wenn man bei den großen Herrschaften in Europa gute Beziehungen hatte, die einem in der Not Beistand zusicherten. Diese „Connections" nutzte er und entsandte eine Schar von Diplomaten nach Frankreich, zum englischen König und nach Wien an den Kaiserhof. Doch da winkte man nur traurig ab, hatte man doch selbst genug Sorgen mit dem Pöbel und überhaupt, wer war dieser katholische Pope, der sich erdreistete einen König oder Kaiser um irgendeinen Gefallen zu bitten?
Wo, bitte schön, liegt dieses Würzburg? Na gut, meinte der Bischof Fechenbach, wenn schon nicht die Großen einem beistehen, dann tut es auch der königliche Nachbarn in Bayern und so bat er in München um Beistand. Aber die Ereignisse hatten den kleinen Bischof aus Franken schon längst überholt und man teilte unter den Großen Europa neu auf. Dem Fechenbach legte man nahe. auf seinen Anspruch als Herzog von Franken zu verzichten und damit ihm sein Entschluss leichter fiel, erhielt er eine großzügige Apanage.

Am 8. Januar 1803 dankte Georg von Fechenbach offiziell ab nach dem Motto: „Macht doch euren Dreck alleine!" und beschränkte sich in Zukunft nur noch auf sein Amt als Bischof.

- 17 -
Der Goede und sei Frangewein

***1815** Der 66 jährige Johann Wolfgang von Goethe übernachtete am 8.-9. Oktober auf seiner Reise von Frankfurt nach Weimar in Würzburg im Gasthaus „Zum Schwanen" (heute Wöhrl-Kaufhaus).*

Über den grosse Dichder Göde und Würzburch wird ja en Haufe Gschichdli und Sprüch erzähld. Ob des alles wahr is oder geloche, kamm er ned sach, also is es eichendlich Wurschd, ob des, was ich erzähl derschdunge und derloche is.

Der Göde und des is wahr, war e großer Weinliebhaber und had een haufe Durschd ghabd. Zu seiner liebsde Schöbbli soll auch der Würzburcher Schdein ghörd ham. Es gibd noch ee Briefle an seine Frau Frederike, wo er schreibd: „....liebsde Fraa, sei so gud und schick mer noch ee baar Fläschli von dem kösdliche Frangewein vom Schdein!" Angeblich soll er sich jeds Jahr 200 Bocksbäudeli vom Schdein had komm lass und auch alleens verknubbd ham. Dabei kann des mid der Anzahl auch eweng nauf und nunner geh. E Rechnung wär noch offe von der Besdellung, aber da wär er gschdorbe!

Den Göde ham se mal in einer launiche Schdund gefrachd: „Nun Herr Geheimrad, verrade se uns doch emal, welche Dinge des Lebens ihnen am wichdigsden sind!" Der Göde had eweng überlechd und had zuerschd gesechd: "Natürlich die Dichdkunsd!" Nach e Weil noch: „dann kommd der Wein und hinnenach die Frauen!" Dann wolld mer wiss: „Jedzd sache se mal, auf was von denne Sach könne se verzichd?" „Auf die Dichdkunsd!" had er wie aus der Bisdol geschosse gesechd. Neugierich ham se dann noch wiss woll: „Und jedzd verrade se noch, auf wenn von dene beide ledzdere Sech könne se denn verzichd?" Also „ auf den Wein" had er ned gesechd, so ald war er nämlich noch ned. „Des kommd auf den Jahrgang an!" kam dann vom grosse Dichder.

Apropo Dichder. Angeblich wär er auch emal in einer warme Sommernachd im Schdachelgarde gehoggd und had bei Kerzeschein e Glässle Weinschorle gedrunke. Am Nachbardisch ham e baar Schdudende von der Burscheschafd gehoggd und gesoffe wie die Bürschdebinder. Besuffe wie se warn ham se zum Nachbarn Göde nübergeplärrd: „Ej, alder Gsell, bisd de ned Manns genug auch emal e richdigs Glässle Wein zu dringe und den gude Wein mit Wasser zu verhunz!" Ooh, des had en stille Zecher arch gschdunke und so had er bevor er hem gange is auf sein Tischdüchle e klenns Gedichdle gekritzeld und da war drauf gschdanne:

„Wasser allein macht stumm, das sieht man im Teiche an den Fischen!
Wein allein macht dumm, das sieht man bei den Herren an den Tischen!
Ich möchte keines von beiden sein -
Und mische deshalb Wasser mit Wein!"

- 17 -
Goethe und der Frankenwein

Die vielen Geschichten und Anektoden über den Dichterfürsten Johann Wolfgang von Goethe, den Frankenwein und Würzburg sind alle samt heiter, ob sie wahr sind, muss jedoch bezweifelt werden. Insofern kann es auch dahingestellt bleiben, ob die folgenden Geschichten der Wahrheit entsprechen, aber was ist schon alles wahr in diesem Bändchen?

Unbestritten war Goethe ein großer Freund des Weines und, auch das ist unbestritten, ein Freund des Frankenweins. Zu seinen bevorzugten Lieblingsweinen zählte zweifellos der „Würzburger Stein“ und in einem noch erhaltenen Brief an seine langjährig Freundin Frederike schreibt er: „.....liebste Frederike, schicke mir noch ein paar Flaschen dieses köstlichen Weins vom Stein!“ Angeblich hätte er sich jedes Jahr 200, plus-minus 100, die Mengenangaben schwanken hier, vom „Würzburger Stein“ bestellt. Aus diesem Umstand leiten die hiesigen Weinproduzenten ab, dass Goethe bevorzugt den Frankenwein genoss und danach erst die Weine aus dem Elsass, Pfalz und Hessen.

Nach einer Anektode hätte man den Dichter gefragt: „Nun Herr Geheimrat, welchen „Dingen“ des Lebens geben sie denn die größte Bedeutung?“ Goethe, der eine Weile überlegte, meinte bedächtig: „Natürlich an erster Stelle stehe hier die Dichtkunst!“ und nach einer kurzen Weile: „...auch der Wein und die Frauen seien nicht zu vergessen!“ Nun, so wollte man wissen, auf welcher dieser drei Dinge er denn verzichten könne? „Auf die Dich-

tung!“ kam es wie aus der Pistole geschossen. Neugierig wollte man jetzt noch wissen, auf welchen der beiden verbleibenden Sache er denn verzichten könne? Jetzt denken viele, natürlich würde er den Wein nennen. Aber weit gefehlt, denn so alt war der Dichter da noch nicht.
„Das kommt auf den Jahrgang drauf an!“ war die kluge Antwort.

Aprospros Dichter. Man erzählt auch, dass Goethe in einer warmen und lauen Sommernacht im Garten des Weinhauses „zum Stachel“ bei Kerzenschein ein Glas Weinschorle still für sich genossen habe. Lang hat die Ruhe nicht angehalten, denn am Nachbartisch saßen Studenten einer Burschenschaft und zechten. Je länger der Abend dauerte, desto mehr und mehr nahm der Geräuschpegel zu. Plötzlich rief einer der jungen Zecher dem berühmten Tischnachbarn zu: „Hey, alter Geselle, bist Du nicht Manns genug auch einmal ein richtiges Glas Wein zu trinken und nicht den guten Wein mit Wasser zu verhunzen?“ Diese Worte fanden kein Gefallen im Ohr des Dichters und so hat er vor dem Verlassen des Lokals folgendes Gedicht auf der Tischdecke hinterlassen:

„Wasser allein macht stumm, das sieht man im Teiche an den Fischen!
Wein allein macht dumm, das sieht man bei den Herren an den Tischen!
Ich möchte keines von beiden sein -
Und mische deshalb Wasser - mit Wein!“

- 18 -
Die Wunder vom Käbbele

***30. November 1800** Die Stadt kapitulierte vor den heranrückenden Truppen der Franzosen unter General Moreau. Der Verteidiger der kaiserlichen Truppen auf der Festung General-Feldmarschall-Leutnant Vinzenz Dall`Aglio übergab nach Beschuss die Festung.*

Wennsd in Würzburch am Mee stehst und guggsd emal nauf zur Fesdung, dann guggsd auch beschdimmd auch zum Käbbele nüber. Und wennsd emal verreisd bisd uund kommsd nach langer Zeid hem, dann guggsd ob die Fesdung unds Käbbele noch schdehd und dann is alles noch in Ordnung. Des Käbbele is was ganz besonderes für die Würzburcher, weil die Mudder Goddes ihr schützende Hand drüber häld. Und zur Mudder Goddes ham die Frange e ganz besondere Beziehung. Ned umsonsd nenne se uns es Madonneländle und in Würzburch hängt an fasd jeder Hauswand e Mudder Goddes, mehr als 400 sollns sein.

Im November 1800 sind die Franzmänner nach Würzburch komme und ham Schdung gemechd. Dere ihr Anführer war e General und hieß Moreau (sprich: Moro, Möro oder so ähnlich). Die Würzburcher ham sich aber ned ergäbe und sich in der Fesdung verbarrikadierd. Die Franzmänner ham am Mee ihre Kanone aufgebaud und geche die Fesdung gerichd. Der Kommandand von der kaiserliche Trubbe in der Fesdung hiess Alio oder Olio oder so ähnlich und der Debb had gemend, es wird gekämpfd bis zum ledzde Soldade. Also ham die

Franzmänner die Fesdung beschosse. Dabei ham se auch quer zum Käbbele nübergeballert. Die Fesdung is fasd in Grund und Bode gange, so een Haufe Kuchel sin nübergefloche und ned wenicher zum Käbbele. Die Soldate in der Fesdung ham blötzlich een riesiche Schregge kriecht als se nüber zum Käbbele geschaud ham. Da ham se eine weisse Geschdald übern Kirchle schwebe sehn zwische dem ganze Bulverdampf. Da schdand doch tatsächlich die Muddergoddes überm Käbbele und had die Kanonekucheln vom Kirchle ferngehalde. Kee enziche Kuchel had des Käbbele gedroffe und so isses heil gebliebe. Wennsd emal nauf zum Käbbele mechsd, dann siechd noch an der Trebb een Fussabdrugg von der Mudder Goddes im Stee, da wo se geschdanne had.

Die Fesdung is seid dere Zeid von der Franzose nix mehr gebrauchd worn zur Verdeidigung der Schdad, weil se nix mehr gedauchd had.

Übrichens is des Käbbele nie in em Kriechle kabudd gange, ned bei der Franzmänner und ned im Zwedde Weldkriech. Als die Bombe am 16. März 1945 auf die Schdad gefloche sin, had des Käbbele kee einziche abkriechd. Kee Wunner, dass die Wallleud jeds Jahr am Pfingsde naufmache, weil's a was ganz besonderes is, unner Käbbele.

- 18 -
Das wundersame Käppele

Kommt der Würzburger nach langer Reise aus fernen Ländern zurück oder hat er sogar Jahrzehnte in der Fremde gewohnt und dort seine neue Heimat gefunden, so schaut er bei der Heimkehr zuerst zur Festung hinauf und zum Käppele auf dem gegenüberliegenden Nikolausberg. Wenn beides noch steht, dann hat noch alles seine Ordnung und man ist zufrieden mit sich und der Welt. Seltsam, das Käppele hat für die Würzburger eine ganz besondere Bedeutung. Vielleicht liegt es daran, dass man dem kleinen Kirchlein von Balthasar Neumann nachsagt, die Mutter Gottes halte ihre schützende Hand darüber und hat es vor Unheil in all den Jahrhunderten bewahrt. Überhaupt haben die Franken eine ganz persönliche Beziehung zur Mutter Gottes und man nennt das Frankenland auch das „Madonnenländle". In Würzburg hängt an fast jeder Hauswand eine Hausmadonna, an die 400 sollen es sein.

An einen grauen Novembertag des Jahres 1800 kamen die französischen Truppen nach Würzburg gezogen.
Ihr Kommandant der General Moreau nahm im Handstreich die Stadt ein, nur auf der Festung hatten sich die letzten kaiserlichen Truppen unter deren Anführer Dall`Aglio verbarrikadiert und leisteten erbitterten Widerstand. Daraufhin ließ der General Moreau Geschütze am Main aufbauen zum Beschuss der Festung. Als die kaiserlichen Truppen ein letztes Ultimatum ungenutzt haben verstreichen lassen, kam es zum Beschuss der Festung. Von allen Seiten, vom Leistengrund und von der Zellerau wurde die Festung unter Dauerbeschuss

genommen. Mitten in dem Scharmützel, als sich der Pulverdampf lichtete, nahmen die kaiserlichen Soldaten plötzlich eine seltsame Erscheinung am Nikolausberg wahr. Über dem Käppele sah man eine weiße Frauengestalt schweben, die die zum benachbarten Nikolausberg verirrten Kugeln der Franzosen mit ihren Händen auffing. Man sagt die Mutter Gottes persönlich stand am Käppele und hat ihr Kirchlein vor der Zerstörung bewahrt. Tatsächlich hat keine einzige Kugel Schaden angerichtet. Sollte der Besucher an einem warmen Maitag einen Spaziergang hinauf zum Käppele auf dem wunderschönen Kreuzweg machen, so wird er zu Beginn der Passionsstationen eine seltsame Entdeckung machen: in einem Stein neben der Treppe ist ein menschlicher Fußabdruck zu sehen. Hier soll nach der Legende die Mutter Gottes gestanden haben an dem besagten Tag.

Seit diesem Beschuss durch die französischen Truppen hat die Festung ihre Bedeutung als Verteidigungsanlage verloren.

Das Käppele hat aber nie in den vergangenen Kriegen Schaden genommen, auch nicht in der furchtbaren Bombennacht des 16. März 1945. Obwohl das alte Würzburg damals unterging, ist es als Zeugnis der prachtvollen Vergangenheit Würzburgs stehen geblieben. Wen wundert es also, wenn die Wallfahrer jedes Jahr zum Käppele hinauf gehen und sich Heil von der Mutter Gottes erbitten. Die vielen Votivgaben in der Gnadenkappele sprechen für sich.

- 19 -
Als der Naboleon in Würzurch war

Napoleon Bonapart hielt sich am 3. Oktober 1806 in Würzburg auf; später noch 1812 beim Aufzug gegen Russland und 1813 nach der verlorenen Völkerschlacht bei Leipzig. Hier traf er sich mit Erzherzog Ferdinand von der Toskana und dessen Nichte Marie Luise von Österreich, mit der er in zweiter Ehe verheiratet war. In der „Toskana-Zeit" erlebte Würzburg eine kurze kulturelle Blüte, in der der Architekt Peter Speeth klassizistische Bauten mit ägyptischen Stilmerkmalen baute wie die heutige Jugendherberge, das Zeller Torhaus und das Künstlerhaus in der Pleich.

Dem Naboleon hads immer gud gfalle bei uns in Würzburch, deshalb is er ofd zu uns komme. Dabei had er immer in der Residenz übernachd. „Des is des brächdigsde Pfaffehaus , was ich in Europa je gesehe hab!" had er gerufe, als er es esrchde mal zu der Würzburcher komme is. Des ledzde Mal had er fürsdlich in der Residenz geschlaffe, als er mid seiner Soldate nach Russland gezoche is. Dord had er zwar die Hieb kriechd und sich bei der Heimkehr in Würzburch gedachd; „Oh, s wär gescheider gewese, du wärsd im Bedd lieche gebliebe, als zu denne Russe zu mech!" Der Naboleon war e blitzgescheider Kerl und had sich für Kuldur interessierd, besonders die ägybdische Kuldur hads em agedan. Noch heud siehsde den Obelisk aufem Marktplatz und was ganz besonders schönns sin dem Beder Schbäd sei ägybdische Hüddles wie die Juchendherberch, des Zeller Zollhäusle oder des Künsdlerhaus in der Plech.

Der Schbäds Beder war e Archideggd ausem Frangeland. Scho als klenner Bu had er im Sandkasde Bürchle und Schlössle gebaud und die Mudder had gsechd: Aus dem wird emal e Baumesder. Und so isses auch komme. Als der Naboleon es erschde Mal in Würzburch war, war er grad in Vorbereitung für e Expedition nach Ägybde gewese. Was em noch gefehld had, warn e baar Helfer für sei Ausgrabunge, die ihm des Zeuch nach Euroba schaffe gesoll. Überall had er in der Schdad anschlach lass, dass mer een Haufe Geld und Ruhm kriechd, wemmer mit ihm nach Afriga reisd. Der Schbäds Beder war damals knabb bei Kasse gewese und had gemend: „Des Pulver kannsd mitnehm" Ägybde, wo isen des?" „Glei hinner Hädsfeld!" ham sen gesechd und da er des gekennd had isser midgange. Es war aber scho eweng weider gewese und nach ee baar Woche war er ankomme. Sau heiß wars und geschwitzd had er wie Sau. Aber die ägybdische Hüddle, Tembles und die komische viereggiche Hücheli, wo dene ihr Könich drunner liechd, ham en gfalle. Mensch, des wär doch was für die Würzburcher had er gedachd, so was ham se noch ned gsehe! Als er hemkomme is had er gleich angfange Hüddle mit dem ägybdische Zeuch zu mische und rauskomme is e klassischer frängisch-ägybdischer Schdil. Die Würzburcher ham sich des ageschaud und die Gosch verzoche. „Ja was schdelld der den da fürn Scheissdregg auf! Der verschandeld doch unsre schönne Schdad!" is es bei der Rendner und Grandler rumgange. „Ihr könnd mich mal....!" hader sich denkt und sei Ränzle gebaggd und woannersch higange.

Dem Naboleon had aber gfalle und so isser ofd zu uns komme. Der Würzburcher gfällds heud auch prima, nur jetzt hat der Schbäds Beder nix mehr davon!

- 19 -
Napoleon in der Würzburger Residenz

Schließt man von der Häufigkeit der Aufenthalte auf eine gewisse Vorliebe, so hat es dem französischen Kaiser Napoleon recht gut in Würzburg gefallen, war er doch gleich dreimal hier zu Besuch, wenngleich auch aus unterschiedlichen Anlässen. Bevorzugt stieg er in der fürstbischöflichen Residenz ab, bei dessen ersten Anblick ihm der Ausruf entwich: „Was für ein prächtiges Pfaffenhaus man hier in Würzburg hat!" Zuletzt nächtigte er auf seinem Feldzug gegen den Zaren von Russland, welcher ihm noch lange im Gedächtnis bleiben sollte, hat er sich doch eine fürchterliche Niederlage dabei eingehandelt. Bei seiner Rückkehr dachte er bestimmt für sich, es wäre vernünftiger gewesen in der Residenz im Bett zu bleiben als den Blödsinn mit dem Krieg gegen Russland anzuzetteln. Neben Kriegsspielen hatte der französische Kaiser noch eine Vorliebe für die ägyptische Kultur. So kam ein besonderer ägyptischer Baustil in Mode, der auch beim Würzburger Architekten Peter Speeth Gefallen fand. Man nehme ein paar klassizistische Stilmerkmale mische diese mit ein paar ägyptischen Schnörkeln und heraus kam ein Obelisk auf dem Markt, die heutige Jugendherberge, das Zeller Zollhäuschen und das Künstlerhaus in der Pleich!

Peter Speeth war ein architektonisches Eigengewächs, der sich schon im Kindesalter für die Architektur begeistern konnte. Schon früh erkannte seine Mutter das Talent zum Baumeister als der kleine Peter im Sandkasten aus Wasserspeis Häuser und Burgen baute. Sein Talent wurde seinerzeit von dem französischen Kaiser höchstpersönlich entdeckt. Dieser war in Vorbereitung zu einer Expedition nach Ägypten. Für den Rücktransport seiner Ausgrabungen suchte er noch ein paar Helfer. Es sprach sich in der Stadt rasch herum, dass man dabei gutes Geld verdienen konnte und zudem was von der Welt kennen lernen konnte. Da der Peter Speeth gerade knapp bei Kasse war, kam ihm das Angebot recht. Aber um Himmels Willen, wo liegt dieses Afrika? Da die Würzburger, die er fragte es auch nicht so genau wussten, bekam er zur Antwort: „Na, gleich hinter Heidingsfeld!“ Da sich das nicht weit anhörte für den Peter Speeth hat er sich sogleich um den Job beworben. Aber Ägypten lag doch nicht gleich hinter Heidingsfeld und das Klima war auch nicht so mild wie Zuhause. Aber den Peter Speeth imponierten die prächtigen ägyptischen Bauwerke. So etwas hatte er noch nicht gesehen: Tempel und Pyramiden. Das musste er den Würzburgern zeigen, die würden Augen machen. Als er nach Hause kam, begann er sogleich seine Gebäude mit dem ägyptischen Stil zu mischen und heraus kam ein fränkyptischer Baustil! Die Begeisterung sprang jedoch nicht auf die Würzburger über. So mancher Rentner stand vor dem Speeth-Haus und schüttelte missmutig den Kopf. „Was ist das denn für ein Krampf, was der Speeth da baut. Ja will denn der unsere schöne Stadt verschandeln!“ riefen sie laut. „Was soll`s?“ meinte der so Gescholtene „Mir reicht es. Ich verdien mein Geld woanders!“ sprach es und ward nicht mehr gesehen.

Dem Napoleon hat es aber jedes Mal gefallen, wenn er in Würzburg weilte. Und heute gefallen den Würzburger auch Peter Speeth`s skurrile Häuser, aber leider hat der davon nichts mehr.

Abbildungen

S. 105	*Zu den bekanntesten Weinstuben der Stadt gehört der „Maulaffenbäck" in der Maulhardgasse. Seinem Namen verdankt er einem stadtbekannten faulen Bäckermeister, der „Maulaffenfeil" vor seinem Laden hielt.*
S. 106 - 107	*Die Wallfahren kommen vom heiligen Berg der Franken, dem Kreuzberg in der Rhön, zurück nach Würzburg, wo sie in der Semmelstraße eine freudiger Empfang erwartet.*
S. 108	*Der schwäbische Dichter Viktor von Scheffel dichtet auf dem Staffelstein hoch über dem Maintal das Frankenlied, das der Würzburger Valentin Becker später vertont hat.*

Maulaffenbäck

- 20 -
Die Bäck`s

Anfang des 19. Jahrhunderts hielt die Industrialisierung Einzug in Würzburg. Die Landbevölkerung litt indes Not und so kamen viele junge Burschen von Bauern und Winzern nach Würzburg und verdienten sich als Tagelöhner ein karges Zubrot. Die örtlichen Bäcker wurden dabei die täglichen Treffs der Arbeiter zum Brotzeitmachen.

In Würzburch gibs noch Wirtschafde, die wos woannersch ned gibt: die Bäcks. Da gibt's den Sophiebäck, den Sandertorbäck, den Reurerbäck, den Johanidderbäck, den Brückebäck, den Sternbäck und ne zu vergesse, den Maulaffebäck. Den kennd in der Schdad e jeds Kind und vor allem e jeds Rendnerle. Beim Maulaff in der Maulhardsgass hoggd jeden Tach e bunde Rass drin. Angefange vom Schdudende, der e Bäusle beim Schdudiere einlechd und een „Schdudendekaffee" trinkd, der je nach Sorde Silvaner oder Müller hessd, bis hin zum alde Grabberle, des so langs noch leff kann in den Maulaff schleichd und sein Bacchus schlürfd.

Den lusdiche Name had der Maulaff von nem Bäggermesder. Den hads wirklich vor hunnerd Jahr gäbe und der „Maulaff" war sei Spitzname. Der Bäggermesder had nämlich den ganze Tach nix geschaffd und nur faul mid der Händ in der Hosetasch vor seim Bäggerlade geschdanne und der Leud nachgeglotzt. Dabei had er die Gosch ned zugemechd und „Maul-offe" rumgschdanne. Auf der Gass hamse des „Maul-offe-Feilhalde" oder „Maul-Affe-Feilhalde" genennd. Gecheüber vom sein

Bäggerlade ham e paar Schdudende gewohnt, die wo den faule Hund immer geärchert ham und ausem Fensder nausgeblärrt: „Alle Bägger bagge, alle Bägger bagge, nur der Maul-Affe-Bägg baggd ned!“ Und so is der Maulaff zu seim Name komme, den er heud noch had.

Am Anfang vom Neunzehnde Jahrhunnerd, als es kenn Fürsdbischof mehr gäbe had, isses der Leud auf em Land arch dreggich gange. Die Bäuerles ham een Haufe Kinner gehabd und ofd hads ned für alle gereichd. Denne Winzer isses a ned mehr so gud gange, nachdem die Leud in der Schdad mehr Bier gesoffe ham, sogar acht Brauereie hads gäbe, denne es alle gud gange is. So sin die Kinner von der Bäuerles und der Winzer von der Eldern in die Schdad zum Schaffe geschickd worrn. Als Tachelöhner ham se jeden Tach in der Früh am Vierröhrebrunne geschdanne, wo die Arbeid eigedeild worn is und sich für e baar Kreuzerle als Kärrner, Mäurer oder Knechd geblachd. Wenn se Brotzeit gemechd ham sin se zu der Bägger nei. Dort ham se ihren Käs oder Weisgelechder von dehem ausgebaggd und geveschbert. Der Bägg had dene een Kipf verkeffd und unnerm Disch had er immer ee baar Fläschle Wein gehabd. So had mer bei der Bäcks seid dere Zeid verschbern könn.

Die Tradition hält noch bis heud der Maulaffebäck und der Johanniterbäck. Da kannsd heud noch neigeh und dei Verschber mitnehm. Een Schobbe mussd aber scho dabei drink, trogge wird dort nix runnergewürchd!

- 20 -
Die „Bäck“-Weinstuben

Zu Würzburg gibt es eine Besonderheit, die es sonst nirgendwo gibt: die „Bäck`s“. Das sind ehemalige Bäckerläden, die im Laufe der Jahrhunderte zu Weinstuben mutierten und noch ihre alten überlieferten Namen tragen; Sophienbäck, Sandertorbäck, Reurerbäck, Johanniterbäck, Brückenbäck, Sternbäck und - last not least - der berühmte „Maulaffenbäck“. Will man einen repräsentativen Querschnitt der Würzburger Bevölkerung an einem Tisch sehen, dann beim Maulaffenbäck. Vom Anwalt, Mediziner, Beamten, Arbeiter, Studenten bis zum betagten Rentner kann man alle sozialen Schichten vereint bei Silvaner und Bratwurst mit Kraut sehen. Welch eine brüderliche Vereinigung von Geschlechtern und Herkunft, die bei zunehmender Schoppenanzahl vonstatten geht!

Den Namen „Maulaffenbäck“ bekam die Weinstube vor gut hundert Jahren verliehen, so wurde damals der Bäckermeister der Bäckerei mit seinem Spitznamen genannt. Ein fauler Lump soll der damals gewesen sein. Seine Hände in den Hosentaschen steckend stand er vor seinem Bäckerladen tagein und tagaus und glotzte immer nur den Passanten nach, die vorbeigingen. Da er dabei seinen Mund offen hatte, nannte man diese Verhaltensform im Gassenjargon „Maul-offen-Feilhalten“. Im Haus gegenüber logierten damals einige Studenten in der Dachmansarde, denen das Treiben oder besser, das Nichttreiben des Bäckers missfiel und sich einen Spaß machten ihn zu ärgern. Sahen sie den Bäcker faul vor dem Bäckerladen kam es lustig aus der Mansarde: „Alle Bäcker backen, alle Bäcker backen, nur der Maulaffenbäck backt nicht!“

Womit der Bäcker seinen Namen bekam und die Weinstube ihren legendären Ruf in der Stadt.

Nachdem das Fürstbischoftum in Würzburg zu Beginn des 19. Jahrhunderts zu Ende ging, ging es auch wirtschaftlich den Leuten, insbesondere dem Landvolk schlechter. Kinderreiche Familien, geringes Einkommen und Erträge ließen die Bauern verarmen. Auch den Winzern ging es nicht besser, wurde doch in der Stadt zunehmend mehr Bier getrunken. Acht Brauereien hatten ein gutes Auskommen. So schickten die Bauern und Winzer ihre zahlreichen Kinder zum Geldverdienen in die Stadt, wo sie als Mägde und Knechte sich im Tagelohn ein paar Kreuzer verdienten. Im Morgengrauen wurde die Arbeit am Vierröhrenbrunnen vergeben. Wurde dann Brotzeit gemacht, so ging man zu den vielen Bäckern, wo man seinen Schöpfkäse oder den Weißgelegten von zuhause auspackte und mit einem Kipf und einen Schoppen Wein verzehrte. Somit wurde in Würzburg eine Tradition begründet, die bis heute sich noch beim Johanniterbäck und beim Maulaffenbäck gehalten hat. Dort darf man heute noch seine Brotzeit mitnehmen und verzehren - natürlich mit einem Schoppen Wein, sonst staubt`s!

- 21 -
Vom KöBau zum Nöll

***1817** Am 9.August des Jahres gründete der 43 jährige Friedrich König und der 34 jährige Andreas Bauer die älteste Druckmaschinenfabrik der Welt, die in dem Kloster Oberzell einzog. Die Fabrik König und Bauer entwickelte sich rasch zum bedeutesten Industrieunternehmen im Raum Würzburg.*
***1824** eröffnete Matthias Noell in der Neubaustraße eine Schmiede und produzierte einige Jahre später u.a. Waggons für die Eisenbahn.*

Wie sich doch die Zeide gleiche. Vor zweehunnerd Jahr ham se in Würzburch versuchd e baar Fabrigge zu baue. Was ham die Handwercher, Händler und Geschäfdsleud geblärrd, das die nix in Würzburch verlore ham.
Wenn die was wolln, solle se drausse bleibe, mir ham in der Schdad keen Blatz und überhaubt, so e neues Zeuch könne mer ned und brauche mer ned! Nur e baar , eichendlich nur zwee sin übrich gebliebe; der KöBau und der Noell und den gibt's a ned mehr.

Der Nölls Maddias war eichendlich e Schmied und had e Werkschdadd in der Neubauschdrass gehabd. Da had er Küdschli für die Göll gebaud. Damals ham se die erschde eisebahn gebaud und der Nöll hads schbitz gekriechd.
So had er gemennd, sei Küdschli könnd er a für die neue Göll aus Eise gebau und had die erschde Eisebahnküdschli gemechd.

Der Friedrich Könich war eichendlich ee Neigeschmeggder aus Sachse und ee blitzgescheider Kerl. Der had als erschder gemennd, jeder soll zum Frühschdügg sei Zeidung les und des möglichsd alle. So had er ee Maschinle erfunne, die wo so ee Zeidung schnell had druck gekönnd. Aber kenner wold des Maschinle ham und so isser nach England gange. Die Engländer ham gemend, so ee Zeidung zum fünf-Uhr-dee des wär ee feine Sach. So had der Könich denne Engländer ee Zeidungsmaschinle gebaud und weil des höchsde Zeit dafür war hamse se „Dimes" genennd. Sei Kumbel, der Bauers Andres had spitz kriechd, dass se in Würzburch die Klösder aufgelösd ham und in Oberzell sind dere Zeid die Nönnli ausgezoche. So had der Bauers Andres und der Könich des Klösderle gekeffd und e Fabriggle daneigebaud. Seid dere Zeid gibs bei uns den Köbau. Der Friedrich is vor lauder Schafferei gar ned dazu komme zu heirade. In Würzburch war er enner von der meisdbegehrteste Junggeselle. Aber der Friedrich had ned die alde sitzegebliebene Schachdeln heirad gewölld und had sich aufs Alder ee Junge genomme, die 17 jähriche Fanny aus Suhl. Had ja a mehr Schbass gemechd.

Da Würzburch ned viel Blatz herinne gehabd had für die neue Fabrigge, had der Nöll und Köbau sein Fabriggle drausse vor der Schdad bau gemüsd. Und jetzt kommd der Hit: Die ham des nur gedürft, wenn se im Kriechle einverstanne sin, dass se ihre Fabriggle in die Lufd jach, wenn's brenzlich wird. Da alleweil die Würzburche Geschäfdsleud heud noch blärr, wenn von drausse enner mit Bulver kommd und will was mech, könne sen lass, wenn er verschbrichd, dass er sei Geschäftle in die Lufd jachd, wenn's für die annere brenzlich wird!

- 21 -
Die Industrie hält Einzug: König & Bauer und Noell

Wie sich die Zeiten doch gleichen! Schlägt man heutzutage am Morgen die Zeitung auf, so liest man wie heftig sich die Geschäftsleute und Handwerker gegen neue Geschäftsarkaden und Fabrikansiedelungen in Würzburg wehren. Wenn man meint, dies sei eine moderne Zeiterscheinung, so sieht man sich getäuscht, da dieses Dilemma schon vor 200 Jahren Tagesgespräch war. Schon zu Beginn des 18. Jahrhunderts hat man sich bei Handel und Gewerbe gegen neue Innovationen mit Händen und Füßen gewehrt und es der Industrie schwer gemacht in der Stadt Fuß zu fassen. Von den damaligen Familienunternehmen sind eigentlich nur zwei übriggeblieben, wobei der zweite auch nur noch als Name am „Fabriktor" vorhanden ist: Koenig & Bauer und der Noell. Wie es der Zufall will sind beide Unternehmen zwischen der Stadt und Veitshöchheim angesiedelt.

Bei der Stahlbaufirma Noell hat es ganz klein mit einer Schmiede in der Neubaustrasse begonnen. Der Matthias Noell hat sich ursprünglich mit Pferdekutschen beschäftigt und schon frühzeitig erkannt, dass die Zeit der Pferde vorüber war und diese durch „eiserne Rösser" ersetzt wird. Schon bald hat er die ersten Waggons für die Eisenbahn gebaut, die seinerzeit zwischen Fürth und Nürnberg als „Adler" verkehrte. Wie den Rössern erging es auch der Fa. Noell, die als blühendes Unternehmen von einem Größeren geschluckt wurde und mit diesem in Konkurs ging. Doch der Name Noell bleibt weiterhin im Gedächtnis der Würzburger und Erinnerung.

Der Name des Druckmaschinenherstellers Koenig und Bauer hat Gewicht bei den Würzburgern und stolz ist man auf den „KoeBau“ in der Stadt. Der Friedrich Koenig war eigentlich kein geborener Würzburger, er kam aus Sachsen. Als findiger Maschinenbauer kam er als erster auf die Idee, eine Zeitung möglichst jeden Tag frisch zu pressen, damit sie aktuell einem jeden Bürger zum Frühstück auf dem Tisch lag. Auch ihm erging es wie den meisten Erfindern, keiner hat sich für seine Druckerpresse interessiert. Doch der Friedrich Koenig war von seiner Erfindung überzeugt und hat sein Glück in England gesucht. Die Engländer ihrerseits waren hoch erfreut und nahmen den jungen Sachsen mit offenen Armen auf. Für eine tägliche Zeitung zum 5-Uhr-Tee war es höchste Zeit und so nannten sie die Zeitung auch „Times“. Wie es der Zufall wollte hat sein Freund Andreas Bauer ein Angebot bekommen, das Nonnenkloster Oberzell käuflich zu erwerben und so hat er dem Friedrich Koenig den Vorschlag gemacht, eine Druckmaschinenfabrik in den heiligen Hallen zu bauen. Und so kam der „KoeBau“ nach Würzburg zu den Nonnen. Die Würzburger haben dennoch der neuen Fabrik skeptisch gegenüber gestanden. Und so durfte der „KoeBau“ seine Fabrik nur dann betreiben, wenn er damit einverstanden gewesen ist, im Verteidigungsfall die Anlage auch in die Luft zu sprengen. Na das wäre doch eine sympathische Idee auch heutzutage für die einheimischen Geschäftsleute. Sollen doch die auswärtigen Investoren nur dann kommen und ihre Fabriken bauen, solange sie damit einverstanden sind, sie „in die Luft zu jagen“, wenn es für die Einheimischen eine zu große Konkurrenz wird.

- 22 -

Geh mer mal ums Schdöggle

__1807__ ließ die bayerische Regierung das Schussfeld vor den Mauern, das Glacis, mit Pappeln bepflanzen. Sonntägliche Spaziergänge wurden zur Lieblingsbeschäftigung der Würzburger, Sehen und Gesehenwerden war die Devise. Ausflugslokale entstanden wie der Hutt`sche Garten, Platz`sche Garten, die Aumühle oder das Talaveraschlösschen.
__1880__ berief man den renommierten schwedischen Gartenbauarchitekten Jens Person Lindahl zur Gestaltung des Ringparks nach Würzburg. Sein heutiges Aussehen verdankt das Kleinnizza diesem weitsichtigen Gestalter. Nach öffentlichen Anfeindungen nahm dieser sich das Leben.

„Ums Schdöggle gehe" mache die Würzburcher am Sonndach am liebsde. Angefange had des „Schdöggle gehe" als mer vor der Stadtmauer auf em Glacis, so hesst des Schussfeld vor der Mauer, Böm gepflanzd had und der Gaddebaumesder Lindal des Kleinnizza agelechd had. Dann sin auch schönne Wirdschafde gebaud worn, wosd heud noch e schöns Ausflüchle mach kannsd:
ins Talaveraschlössle oder inen Volksgarde.

Nach em Middachesse gehds naus ins Glacis, eweng gelaffe, eweng geguggd und immer freundlich gegrüßt. Emal sind denne Meiers von Büddnerstrass die Müllers aus der Kärrnergass endgechekomme.„Bass auf Fraa, da komme die Müllersaus der Kärrnergass. Der Alde läffd, als häd er in die Hos geschisse. „ sechd der Meier zu seiner Fraa. „Die schieche Müllerin had a een neue Hud auf, der siehd aus wie ee mei Nachddopf!"

„Obachd Fraa, da komme die Meiers aus der Büddnerstrass. Ausgerechend jedzd müsse die daherkomm, den Alde kann ich ned riech.“ knurrd der Müller zu seiner Fraa und die knurrd zurügg:“ Schau der die Meierin an, wie die aufgedaggeld is. Nix passd zam, ee Geschmagg hads wie mei Arsch!“

„Ja Grüß Godd Familie Müller. Was für e nedde Überraschung am Sonndachmiddach. Auch eweng um Schdöggle geh mid der Kinner?“ grüßt der Meier und lupfd den Hud. Und sache se mal, Frau Müller, wo ham se denn den schönne Hud her, der schdehd ihne aber wie angegosse!“ kommds von der Meierin hinnenach.

„Grüß Godd Familie Meier, lang ned gesehe. Wie gehds, wie stehts, was mache die Kinner?“ lachd der Müller zurück. „Den Hud had mer mei Mo zu Weihnachde geschenkt, gel der is schö?“ blärrd die Müllerin dazu.
Es wird noch eweng geschmarrd und dann gehds fröhlich weider.

„Fraa, was hab ich der gesechd, der Müller is e Aff.
Es nächsde mal mache mer annersch rum, wenn's um Schdöggle geht. Der ganze Sonndach is verschisse.“ sechd der Meier. „Und der Hud, der passd zu dere Müllerin wie der Arsch auf die Schüssel“ kommds von der Meierin zurück.

„ Ich habs immer gewussd, Fraa. Die aus der Büddnerstrass sin alles Lumbe und der Meier is der Obergauner!“ raunzd der Müller zu seiner Fraa. „ Und die Fraa von dem Meier, siehd aus wie ee böser Finger! Ned geschenkd möcherd ich die ham!“ geiferd die Müllerin zurück.
„Naja“ knurrd der Müller in sein Bard aber so, dass es die Alde ned hörd.
„geschenkt vielleichd scho.“

- 22 -
Und am Sonntag zum Spaziergang

Wenn die Würzburger spazieren gehen wollen, dann sagen sie „wir gehen mal ums „Stöckle". Angefangen hat die Lieblingsbeschäftigung der Würzburger vor 200 Jahren, als die Ringanlagen entstanden sind. Das Schussfeld vor der alten Stadtmauer, man nennt es das Glacis, wurde nicht mehr benötigt und so wurde dort eine Baumallee angelegt. Der schwedische Gartenbaumeister Lindhal hat dann um die Stadt das schöne Klein-Nizza angelegt mit Parks, Weihern und Spielplätzen. Ziel vieler Spaziergänge waren die neuen Ausflugslokale. Von denen heute noch das Talaveraschlösschen und der Volksgarten erhalten sind.

Nach einem opulenten Mittagsmahl wurde die Familie festlich herausgeputzt und dann flanierte man durch den Glacis-Park: Sehen und Gesehenwerden war die Devise. Und immer freundlich grüßen, auch wenn es ein ungeliebter Nachbar gewesen ist. So kamen sich an einem sonnigen Sonntagmittag die Meiers aus der Büttnerstrasse und die Müllers aus der Kärrnergasse entgegen.

„Mein Gott, Frau, da kommen die Müllers aus der Kärrnergasse! Wie der alte Müller schon läuft, man kann` s nicht anschauen!" sagt Herr Meier zu seiner Frau „Und die hässliche Müllerin hat einen Hut auf, der sieht aus wie mein Nachttopf!"

„Vorsicht, da kommen die Meiers aus der Büttnerstrasse! Warum müssen die ausgerechnet jetzt daherkommen, wo ich den Meier nicht riechen kann!“ raunzt der Müller zu seiner Frau. „Ja, schau dir die Meierin an, wie die angezogen ist! Nichts passt zusammen und einen Geschmack hat sie wie mein Hintern!“ antwortet die Müllerin.

„Ja, Grüß Gott, Familie Müller! Was für eine nette Überraschung am Sonntag! Na, geht man auch etwas spazieren mit den Kindern?“ grüßt höflich Herr Meier und zieht den Hut. „Und sagen sie mal Frau Müller, wo haben sie denn den schönen Hut her, der steht ihnen ja wie angegossen!“ fügt freundlich Frau Meier dazu.

„Grüß Gott Familie Meier, lange nicht gesehen!
Wie gehts, wie stehts und was machen die Kinder?“ lacht Herr Müller zurück. „Ja den Hut hat mir mein Mann zu Weihnachten geschenkt, den finde ich auch wunderschön.“ fügt freundlich Frau Müller hinzu.

Und so wird noch ein wenig freundliche Konversation betrieben, bevor man sich mit höflichen Grüßen von einander verabschiedet.

„Frau, was hab ich dir gesagt, der Müller ist ein Depp!
Das nächste Mal beim Spazierengehen geht es einen anderen Weg, damit nicht der ganze Sonntag verdorben ist.“
Sagt der Meier. „Und der Hut passt der Müllerin wie der Hintern auf`s Klo!“ kommt von der Meierin zurück.

„Ich habe es schon immer gewusst. Aus der Büttnerstrasse kommt nichts Gutes! Alles nur Gesindel und der Meier ist der Schlimmste von denen.“ knurrt der Müller zu seiner Frau. „Und die Frau von dem Meier sieht gar schrecklich aufgedonnert aus. Die möchte ich nicht geschenkt haben!“ kommt es giftig von der Müllerin zurück.
„Na ja, geschenkt vielleicht schon.“ brummt der Müller in seinen Bart, aber so, dass es die Frau nicht hört.

- 23 -
Dem Professor Beringer sei Lücheschdee

Würzburg erlebte in der Mitte des 18. Jahrhunderts eine Blütezeit der Universität. 1848 studierten 558 männliche Studenten in der Stadt. Es entstanden am heutigen Röntgenring neue Institute wie das Mineralogische, Zoologische, Anatomische, Klinische und Physikalische Institut. Berühmte Professoren wie Rudolf Virchow, Albert Koelliger, Ernst von Bergmann und Konrad Röntgen lehrten und begründeten einen guten Ruf der Universität. Eine Kuriosität an der Universität waren 100 Jahre zuvor die sog. „Lügensteine" des Prof. Johannes Bartholomäus Beringer. Studenten hatten sich einen Jux gemacht und sog. Lügensteine hergestellt, die Beringer als wissenschaftlichen Fund veröffentlichte und sich in der Fachwelt damit blamierte.

Studende ham in Würzburch scho immer e Wörtle mitzurede gehabt. In der Biedermeierzeit sin dann die Verbindunge dazukomme, wo die Bursche ned nur viel gesoffe ham, sondern auch Schbrüch über Einichkeit, Recht und Freiheit gehalde ham, was die Öbere ned gern ham hörn gewölld. Am Nikolausberch ham se ihre Häusles gehabt, wo se mid dem Säbel Kämpfle gefechd ham.

Die Bursche sin ofd nach em Fechde nauf zur Molkekur oder nüber zum Schützehof. Nach e baar Gläser Erdbeerwein is denne auch nix mehr gescheids eigefalle und so sin eemal zwee Schdudendle zamgehoggd und ham über ihren Brofessor Beringer gered. Der Beringer war Geoloch und is mid seiner Schdudenderass ofd naus nach Eibelschdad in die Schdeebrüch. Da ham die arme Dröbf bei e Sauhitz mit dem Hämmerle Schdee klobf gemüss, wie die Verbrecher im Knast. „Der Behringer rennd jedzd scho es dritte Jahr naus mit uns in die Brüch, mennsd der find was?“ sechd der enne. „Mer müssd em emal e baar find lass, sonsd rennd der noch in e baar Jahr naus.“ mennd der annere. Nach drei weidere Erdbeerschobbe had der enne e Idee. „Mensch, mer könnd doch e baar Schdee mach mid denne Fröschli und Käferli, des merkt der doch ned! Dann is e Ruh mit dem Geklopf“ Gesachd - gedan. Die zwee sin hem und mit eweng Gibs, Wasser und e baar tode Mugge und Käferles ham se die Schdee gemechd, eweng im Dreck geschmisse und scho hads ausgesehe wie echd ald!

Nach e baar Dach is der Beringer mit seiner Studende naus in die Brüch. Scho nach e Minudde had der erschde gerufe: „Herr Professor ich hab was gefunne!“ und dem Forscher een Schdee mit verschdeinerde Mugge gezeichd. Es had ned lang gedauert und die annere sin gerennd komme und ham ihre Schdee mit Blümles, Käferles und Würmles gezeichd, sogar zwee Fröschli warn drauf zu sehe, die beim Bimbern überraschd worn sind. Dahem hat der Beringer alles wissenschaftlich erforschd und sogar e Buch drüber geschriebe.

Nach e baar Jahr is aber alles aufgefloche, weil sogar ee Schdee dabei war, wo dem Beringer sei Name drauf-geschdanne had und des had ned sei gekönnd. Vom Beringer hasd dann nix mehr gehörd, so had der sich geschämd und von seine Büchle findsd a kenne mehr, weil er se alle aufgekeffd had. Die Schdudende, die Läus-hammel, die wo des gemechd ham, hams ned kriechd, vielleichd sitze se noch obe beim Schützehof und dringe een Erdbeerwein.

- 23 -
Die „Lügensteine" des Professor Beringer

In der Biedermeierzeit ist die Studentenschaft sprunghaft gewachsen, was mit dem guten Ruf der Universität zum einen zu tun hatte, zum anderen trugen auch die Professoren dazu bei. Burschenschaften entstanden, in deren Verbindungshäusern nicht nur dem Wein zugesprochen wurde, sondern auch mancher Spruch geäußert wurde über Einigkeit und Recht und Freiheit, was in den Ohren der Obrigkeit nicht gut klang.

Nach dem Fechten ging es dann den Nikolausberg hinauf zur Molkenkur oder etwas weiter zum Schützenhof, wo der Erdbeerwein seinen legendären Ruf begründete.
So saßen eines warmen Sommerabends zwei Studenten der Geologie über ihren Gläsern Fruchtwein und sinnierten über ihren Professor Beringer. Besagter Beringer war ein Geologe und bekannt für seine Begeisterung für Versteinerungen, die man in den Steinbrüchen im nahen Eibelstadt finden konnte. Gefürchtet bei seinen Studenten waren seine Exkursionen bei jedem Wind und Wetter in die Steinbrüche. „Jetzt gehen wir schon drei Jahre hintereinander in die Steinbrüche von Eibelstadt mit dem Beringer, meinst du wir finden eine vernünftige Versteinerung?" klagte der eine sein Schicksal. „Es wird Zeit, dass wir fündig werden, sonst rennen wir noch die nächsten Jahre hinaus!" Nach drei weiteren Gläsern öffneten sich bei dem anderen einige Türchen in dem jungen Forschergehirn und es kam ihm eine Idee: „ Wie wäre es denn, wenn man einige von den Versteinerungen herstellt

und sie vergräbt. Der Beringer merkt das bestimmt nicht!" Gesagt - getan. Mit Gips, Wasser und Fantasie gingen die beiden ans Werk und heraus kamen Steine, auf denen sich versteinerte Käfer, Frösche, Fliegen und Würmer tummelten, dass es eine Pracht war.

Es dauerte nicht lange bis zur nächsten Exkursion des Professors. Schon nach wenigen Minuten kamen die ersten Studenten und zeigten dem erfreuten Beringer ihre Funde: blühende Blumen, fliegende Käfer, kriechende Würmer und sogar zwei Frösche in Paarung waren dabei. Alles in Stein natürlich! Das Forscherherz des Beringers erblühte und hoch erfreut ging er zuhause an die Katalogisierung seiner mehr als 200 Steine. Sogar ein wissenschaftliches Buch mit dem Titel: „Lithographiae Wirceburgensis" wurde von ihm herausgegeben.

Schon nach ein paar Jahren flog der Schwindel auf, als auf einem Stein sein Name verewigt war, der in der Steinzeit mit Sicherheit noch nicht bekannt war. Tief verschämt wegen dieser Blamage vor seinen Kollegen zog er sich aus der Öffentlichkeit zurück und versuchte seine „Werke" zurückzukaufen. Die Übeltäter wurden seinerzeit nicht ausfindig gemacht, trotz intensiver Suche. Vielleicht sitzen sie aber immer noch bei einem Glas Erdbeerwein und freuen sich über ihren Streich.

- 24 -
Bürchermester Behr wird verhaft

Am 27.5.1832 fand bei der Konstitutionssäule in Gaibach ein Verfassungsfest in Anwesenheit des 1. Bürgermeisters Behr statt, in dessen Folge es u.a. auch zur Verhaftung und Verurteilung wegen Hochverrats von Professor Behr kam. Professor Behr wurde 1775 in Sulzheim bei Geroldshofen geboren und wurde mit 24 Jahren Professor für Staatsrecht an der Universität Würzburg. Nach fast 12 jähriger Kerkerhaft stirbt er am 1. August 1851 im Alter von 75 Jahren in Bamberg.

Es gibd Leud, die ham für Würzburch mehr gedan als manch enner von dere Bischöf, die kennd aber fasd kee Mensch bei uns. Zu dene Leud gehörd der Bürchermesder Behr. Beim Behr kommd aber noch was dragisches dazu, so dass de dem sei Lebe verfilm kannsd, wenn's enner mal intressier dät.

Der Behr is bei Gerolzhofe in Sulzheim als Sohn von nem arme Bäuerle geborn worn, zu dere Zeid als der Beder Wachner noch im Garde von der Residenz geschafft hat und der Bischof es sache in der Schdad gehabd had. Der Behr war e blitzgescheider Bu und hat die Jurisderi schdudierd. Mid 24 Jahr is er zum Brofessor ernannt worn an der Unidäd in Würzburch. Bolidisch had er sich auch bedädichd und war Abgeordneder im bairische Landach. In Würzburch ham sen sogar zum Bürchermesder gemachd und ihm hammer die Gründung der Schbarkass zu verdanke. Der Behr war aber auch ee Liberaler und had damals Zeuch gedachd, was bei der Schdudende Gefalle gefunne had, aber nid in dere Ohre von der könichliche Öbere aus Münche. Der Behr had des aufgenoome, was die Franzmänner in dere ihrer Rewoluzion verdrede ham: Alle Leud sin gleich und der Könich had nix zu sache. Freiheid, Gleichheid und Brüderlichkeid had er sich auf die Fahne geschriebe und dann kam der 27. Mai im Jahr 1832, des war e Dach wost hinnenach gedacht hast, es wär gscheider gewese, du wärst im Bett liechegebliebe:

Es war e schönner und warmer Dach im Mai und die ganze Schdudende und Brofessore sinn aus nach Gaibach an der Mainschleife gewandert um die bairische Verfassung zu feiernn. Wo Schdudende sin gibds auch immer was zu dringe und deshalb is es zünfdich zugange. Die Behr war der Held des Daches und had zwei feuriche Rede auf die Verfassung gehalde. Die had er laud gebriese und die Schdudende ham gejubeld. Angeblich solle se den Behr auf der Schulder wie een Fussballer gedrache ham, der grad e Dor geschosse had. Dann solle se laud gerölld ham: „Der Behr is unser Frangekönich!" Eichendlich kee schlechder Gedange, aber des is den bairische Könich zu Ohre komme und der had gemend, das es nur en Könich gibd und des is er selbsd. Also had der den Behr kassier lass und dann iser weche Hochverrad zu lebenslanger Haft verurdeild worn. Nach 20 Jahr is er dann begnadichd worn und kurz danach in Bamberch geschdorbe.

Eichendlich schad um den Kerl, weil noch heud die Würzburcher gern in die Sparkass gehe, nur kenner kennd en mehr, den Behr, auch die ned in der Sparkass.

- 24 -
Als der Bürgermeister Behr verhaftet wurde

Es gab in Würzburg Menschen, die mehr fürs Gemeinwohl taten, als mancher der Bischöfe es tat und die kaum ein Würzburger kennt. Zu diesen Menschen zählt der Bürgermeister Josef Behr, ein sehr intelligenter und couragierter Mann mit Weitsicht. Bei der Person des Bürgermeisters Behr kommt jedoch eine tragische Komponente in seinem Leben dazu. Sein Leben böte genug Stoff für eine Verfilmung, nur hat sich bis heute keiner dafür interessiert.

Josef Behr wurde als Sohn eines Bauern in Sulzheim bei Gerolzhofen geboren, zu jener Zeit, als der Residenzbau noch in vollem Gang war. Der Bildhauer Peter Wagner schuf gerade die Figuren für den Residenzgarten und der Bischof hatte noch das Sagen in der Stadt. Behr war ein äußerst intelligenter Junge, der durch Fleiß und Strebsamkeit es schon in frühen Jahren zu einem Professor der Rechte an der Universität Würzburg brachte. Auch politisch tat er sich hervor, was sich später noch als nachteilig erweisen wurde. So wurde er schon in jungen Jahren Abgeordneter im bayerischen Landtag und zu Würzburg wurde er Bürgermeister. Ihm hat die Stadt die Gründung der Städtischen Sparkasse zu verdanken, die er für diejenigen Leute dachte, die sich durch Sparen einen Hausstand oder eine Rente sichern konnten, Er war ein liberaler Geist, der die Ideen der französischen Revolution von Freiheit, Gleichheit und Brüderlichkeit in seinen Reden aufnahm, die gerade bei den jungen Studenten auf fruchtbaren Boden fielen. Allerdings sehr zum Missfallen der königlichen Familie in München, denen das Gedankengut aus verständlichen Gründen sehr missfiel, wie das Schicksal der französischen Verwandtschaft nur allzu deutlich zeigte.

Und dann kam der 27. Mai des Jahres 1832, der Schicksalstag im Leben des Josef Behr:

Es war ein schöner und warmer Frühjahrstag und aus Würzburg zogen die Studenten und Professoren an die Mainschleife bei Volkach, um an der Konstitutionssäule bei Gaibach die bayerische Verfassung zu feiern. Das wurde natürlich im Sinne der Studentenschaft ausgiebig mit viel Wein und Bier gefeiert. Der Behr ließ sich von der Begeisterung für die Verfassung anstecken und hielt zwei feurige Reden, die auf große Zustimmung der Anwesenden stieß. Angeblich sollen die Studenten den Behr sogar auf ihren Schultern getragen haben und gerufen haben: „Es lebe unser Frankenkönig!" Als dieser Vorfall dem König in München zu Ohren kam veranlasste er die Verhaftung des Josef Behr. Er wurde des Hochverrates angeklagt und zu lebenslanger Haft verurteilt. Nach 20 Jahren wurde er schließlich begnadigt und ist kurz nach seiner Freilassung in Bamberg gestorben.

Es ist schon verwunderlich, dass so wenig Würzburger den Josef Behr kaum kennen, der mit Zivilcourage und Gemeinsinn so viel für die Stadt getan hat. Fragt man den Bürger auf der Straße nach ihm, so bekommt man nur ein Achselzucken und nicht selten auch von den Bediensteten der Städtischen Sparkasse.

- 25 -
Wie der Valendin Begger des Frangelied kombonierd had

***1861** verfasste der Würzburger Stadtkämmerer dem Gedicht des Viktor von Scheffel vom Frankenlied eine beschwingte Melodie. Scheffel hatte das Gedicht 1859 auf seinen Wanderungen durch das Frankenland im Geiste der Romantik geschrieben. Mit der Melodie des Beckers wurde das Frankenlied die „Nationalhymne" aller Franken.*

„Wohl auf die Lufd geht frisch und rein, wer lange sidzd muss rosde...." so kennds ee jeder des Frangelied und so hamers in der Schul lern müss. Der Oberlehrer hader auch gesachd, dass der Vigdor Scheffel des geschriebe had und des war e Schwab. Was aber die wenichsde wiss is, dass e Würzburcher dem Gedichdle vom Scheffel e Melodie geb e had und des war der Valendin Begger. Der Begger war damals Schdadkämmerer und e lusdiges Haus. Der war musikalisch und had immer e Liedle auf der Libbe gehabd, mesdens Wanderliedle und als auch e Schnaderlhüpfer. „I schdeh auf der Brügg`und schbetz auf een Kahn, und die Schbedz die freut sich, dass se Kahn fahrn kann...!" war dem Begger sei liebstes Schnaderlhüpfer. Wie der Begger die Melodie zu dem Scheffel seim Frangelied geschriebe hat, des kam so:

Der Begger is gern nach der Arbed zum Singe in die Wirdschafd gange, wo sich die lusdiche Schdudende zum Liederkranz getroffe ham. Meisdens war des in dene alde Schudendekneibe wie bei der „Kette" oder beim

„Erich Halbleib“ oder im „Cafe Kluch“. Lusdiche Liedle wurde beim Schobbe Frangewein gesunge wie „Ein Heller und ein Batze“ oder „Als ich einst über Amorbach ging“ und jeh später es worn is in der Nachd, um so melancholischer sin die Liedle worn: „der Mond geht schdill und leise“ oder „Guden Abend, gute Nachd“. Der Begger had ofd e Liedle für die Schdudende geschriebe und war auch dene ihr muskalischer Mesder.

Eines Abends, es wird so um zehne gewese sein, war mer wieder lusdich beim Singe und es is viel gedrunge und gebaffd worn, als e junger Wandersbursch in die Wirdschafd komme is. Sei Schlabbhud ha dem schief auf em Kopf gesesse und übern Buggel hat er sei Ränzle gedrache. Als er sich fürn Kreuzerle een Kruch Wein beschdelld hat, hasd gemerchd, dass des e Schwab gewese is. Scho bald is mer warm mideinannerworn und der Schwab had lusdich mi der annere gesunge. Aus em Krüchle Wein sin dann zwee wor, dann drei und wenn's emal rolld dann rollds und der Schwab had e baar Runde ausgäbe. Als es ans Bezahle gang is, had der Schwab gemerchd, dass er mehr gedrunge had als er Bulver gehabd had. Der Wird had aber gemend: „Schnabs is Schnabs und Geschäfd is Geschäfd“ und aufs Geld beschdanne. Da had der Schwab zum Begger gesechd, dass er e Dichder is und Scheffel hessd und ob er em emal mid eweng Bulver helf gekönn, er häd auch e schönns Gedichdle übers Frangeländle geschrieb, des kann er dafür ham. Des Gedichdle had dem Begger gud gefalle und so had der Scheffel sei Bulver und der Begger sei Gedichdle kriechd. Dahem had er gleich e Melodie dazu geschrieb und am nächsde Dach ham ses gleich mideinanner gesunge, auch dem Scheffel hads gefalle und er had auch nix bezahl müss für sein Wein an dem Abend.

- 25 -
Wie der Valentin Becker das Frankenlied komponiert hat

„Wohl auf die Luft geht frisch und rein, wer lange sitzt muss rosten...." so kennt im Frankenland ein jeder das Lied der Franken. In der Volksschule muss jedes Kind es auswendig lernen und es auch singen können, gleich ob es musikalisch ist oder nicht. Dabei lernt man auch, dass der schwäbische Dichter Viktor von Scheffel es bei seinen Wanderungen durch die fränkischen Lande geschrieben hat. Die wenigsten wissen aber, dass der Würzburger Stadtkämmerer Valentin Becker die Melodie dazu komponiert hat. Der Becker war ein lustiger und sehr musikalischer Zeitgenosse, der immer eine Melodie auf den Lippen hatte. Am liebsten sang er Schnaderlhüpferl und sein Lieblingslied war:" Ich steh auf der Brücke und spuck auf einen Kahn und die Spucke die freut sich, dass sie Kahn fahren kann, holadrihio, holadrio.."
Die Geschichte wie der Becker zu Scheffel`s Gedicht kam, das war so:

Nach der Arbeit pflegte der Stadtkämmerer sich mit Studenten beim Liederkranz in den alten Studentenkneipen wie bei der „Kette", beim „Erich Halbleib" oder im Cafe Klug zu treffen und sich dem Liedgut zu widmen. Lustig wurden Lieder wie „Ein Heller und ein Batzen" oder „Als ich einst über Amorbach ging" aus voller Kehle gesungen und je später es wurde, desto melancholischer wurden die Gesänge. Mit „Der Mond geht still und leise" oder „Guten Abend, gute Nacht" ging es dann nach Hause. Oft hat der Valentin Becker ein Lied komponiert und

war auch der musikalische Meister der Studenten.
Eines Abends um die zehnte Stunde, man war wie immer beim Singen lustiger Lieder und es wurde auch viel geraucht und getrunken, kam ein junger Wanderbursche in die Wirtsstube. Er bestellte sich einen Krug Wein und dabei merkte man, dass er ein Schwabe war. Schnell wurde man beim Singen warm mit den jungen Burschen und auch der Wein tat sein übriges dazu. Aus einem Krug wurden zwei, dann drei und dann vergaß man das zählen. Als es dann spät in der Nacht ans bezahlen ging, merkte der junge Schwabe, das er mehr getrunken hatte, als er bezahlen konnte. Der Wirt verstand aber keinen Spaß und mit dem Spruch „Schnaps ist Schnaps und Geschäft ist Geschäft" bestand er auf sein Geld. Da fragte der Scheffel seinen Nachbarn Becker, ob er ihm mit etwas Geld aushelfen könne, er sei Dichter und komme aus Schwaben. Es soll auch nicht sein Schaden sein, als Gegenwert würde er ihm ein Gedicht geben, dass er gerade beim Wandern geschrieben habe. Das Gedicht hat dem Becker gut gefallen und so wurde man sich schnell einig, der Wirt erhielt sein Geld und der Becker sein Gedicht.
Zuhause komponierte der Valentin Becker gleich eine eingängige Melodie zu dem Gedicht und schon am nächsten Tag wurde es beim Treffen mit den Anderen aufgeführt. Dem Scheffel hat das Lied gut gefallen und so stimmte er lustig mit den Anderen ein. Dafür hat er auch nichts an dem Abend für seinen Wein bezahlen müssen.

- 26 -
Die Walleud mache zum Grab vom Kilian

Am 9. August 1849 wurden bei Reparaturarbeiten im Dom die Reliquien des Hl. Kilian und seiner Begleiter Kolonat und Totnan gefunden, die seit 1795 verschwunden waren. Die Kiliansgruft unter der Neumünsterkirche ist der Aufbewahrungsort der Reliquien. Seit der Wiederentdeckung hat die Wallfahrt zum Grab des Frankenapostels eine Neubelebung erfahren. Seither ist die Wallfahrt um den 8. Juli zum Grab des Kilian der Höhepunkt im kirchlichen Jahr Frankens.

Gewallt wird im Frangeland arch gern. Jeds Frühjahr geht's los. E jeds Dörfle hat sei eichene Wallfahrd, die bei Karschd wohne mache meist nach Lohr zu Maria Buche oder nach Retzbach. Die Tauberdäler gehn gern zum Heilche Blud nach Walldürrn, die Kitzinger mache nüber nach Deddelbach und die Würzburcher jeds Jahr im Augusd nauf zum Greuzberch in die Rhön.
Zwee Dach nauf und zwee zurück und een brauchst zum Bede aufem Greuzberch. Wenn dann Midde Augusd die Walleud hemkomme, gibt's e Mords Hallo in Würzburch. In der Semmelschdrass schdehe die Würzburcher und begrüsse ihr Leud mit Liedle und e Schdräussle Blume. Die Walleud mache dann zum Goddesdienst in die Neumünsterkirch und die Semmelschdrässler mache die Schdrass leer und Disch und Bänk wern aufgeschdelld. Dann findet die Zwiewelkirrwe schdadd. Es gibd frische Zwiewelbloodz mit Rahm und Schbegg drauf und der Schobbe rolld bis dief in die Nachd. Eens kannsd gläb,

wennsd bei der Zwiewelkirrwe warsd, brauchsd hinnenach kee Wallfahrd mehr. Die Zwiebele und der Schobbe reiniche dich genauso.

Für jeden Frange im Frangeländle is aber die Wallfahrd zum Grab des Hl. Kilian der Höhepungd. Jeds Jahr um den 8. Juli mache beim Kiliansokdav die Wallleud von überall her in die Grufd von der Neumünsterkirch, wo die Knöchli aufbewahrd wern. Früher warn die im Aldar in der Grufd aufbewahrd. Hinnern Aldar war ee Löchle. Da hasd die Händ, die Füss oder sogar den Kopf neischdegg könn getu und die Knöchli aback könn getan.
Des had, so sache die alde Frange, geholfe, wenn's Gichd oder malad am Kopf gewese bisd, ned im Kopf, da hads nix geholfe.

Emal is e Wallfahrd vom Land mit lauder Bäuerli komme. Die Leud sin bedend und singend in die Neumünsderkirch neigezoche, vorneweg die junge Bürschli und die Mädli, die ham schö sing gekönnd. Hinnenach die alde Grabberli, die nix mehr ham laff gekönnd. Und ganz hinnenach auf em Marodiwache, die wo Blase ham gehabd. Drinn in der Kirch ham se een Goddesdiensd gehalde und der Pfarrer war am brediche. Auf eemal is e alds Fräle nachkomme, die sich verschbäd had. Weil der Pfarrer grad am brediche war isse leis zur Dür neigeschliche. Grad in dem Momend had der Pfarrer in der Bredichd geche den Alkohol geschennd: „Und wo kommds jetzt her das alde Übel!" had er laud geblärrd, dass e jeds zamgezuggd is, a des ald Grsabberle. Und die had erschrogge von der Dür zurüggerufe: „Aus Rimbar komm ich, über Günderschlebe!"

- 26 -
Die Wallfahrt zum Grab des Hl. Kilian

Wallfahren ist eine alte Tradition in Franken. Im Frühjahr ziehen die Walleute los und fast jedes Dorf hat seine eigene Wallfahrt: die Karlstädter wallen in den Spessart zu Maria Buchen oder nach Retzbach. Die Taubertäler ziehen zum Heiligen Blut nach Walldürrn, die Kitzinger nach Dettelbach zu Maria im Sand und die Würzburger jeden Sommer zum Kreuzberg in die Rhön. Die größte fränkische Wallfahrt geht in 2 Tagen zum Kreuzberg, 1 Tag wird dort zum Beten verbracht und 2 Tage geht es dann nach Hause. Mitte August kommen dann die Wallfahrer zurück und werden von den Angehörigen in der Semmelstrasse mit Liedern und einen Strauß Blumen willkommen geheißen. Sind die Wallfahrer weitergezogen zum Abschlussgottesdienst, dann räumen die Semmelsträssler die Straße leer und Tische und Bänke werden aufgestellt. Dann beginnt in alter Tradition die Zwiebelkirchweih. Bei frischem Zwiebelkuchen und Frankenwein wird bis tief in die Nacht gefeiert. Dabei sagt man, dass diese Kombination durchaus die reinigende Wirkung einer Wallfahrt hat.

Der Höhepunkt der Wallfahrten ist aber die zum Grab des Hl. Kilian. Immer um den 8. Juli, dem Todestag des Frankenapostel, ziehen die Gläubigen aus allen Teilen Frankens zur Kiliansgruft in der Neumünsterkirche, wo die Gebeine der Frankenapostel dann aufgebahrt werden. Früher befanden sie sich in dem Altar der Kiliansgruft, der im hinteren Teil eine runde Öffnung hatte, wo die

Gläubigen ihre Hände oder sogar den Kopf hineinstecken konnten, um die Reliquien zu berühren. Diesen sprach man heilende Wirkungen bei allerlei Krankheiten zu, insbesondere bei Gicht und Kopfschmerzen, nicht bei fehlender Intelligenz.

Einmal zog eine Gruppe Wallfahrer vom Land betend und singend in die Neumünsterkirche ein, vorweg die jungen Mädchen und Buben mit schönem lauten Gesang und dahinter ihre Fürbitten murmelnd die älteren Bewohner des Dorfes, gefolgt vom so genannten „Marodiwagen", den von Ochsen gezogenen Krankenwagen, der die Alten und Fußleidenden geladen hatte. In der Kirche hielt dann der Pfarrer den Abschlussgottesdienst. Etwas später kam ein altes Weiblein, das sich verspätet hatte und schlich still und heimlich in die Kirche, während der Pfarrer predigte. In seiner Predigt schimpfte er gerade auch gegen den Missbrauch mit dem Alkohol und wetterte von der Kanzel, dass ein jeder zusammenzuckte: „Und wo kommt es jetzt her, das alte Übel?" Auch das alte Weiblein, das sich verspätet hatte, ist erschrocken bei den Worten des Pfarrers und rief laut zurück:
„Aus Rimpar komm ich, über Güntersleben!"

- 27 -

Die erschde Schdrassebahn

***1892** wurde in der Stadt eine Pferdebahnlinie eingerichtet und somit die erste Straßenbahnlinie. Rund 10 Jahre später wurde sie elektrifiziert und das Streckennetz ausgebaut. Es verband die Kernstadt mit dem Bahnhof, Rennweg, Sanderau, Zellerau und Grombühl. Die Straßenbahn brachte die Bürger auch in die Naherholungsgebiete Steinbachtal und Kloster Oberzell.*

Wennsd am Abend in der Schdad schbazziere gehsd kommd der mid em Mords Krach und em Qiedsche der Schobbeexpress endgeche, wo die Leud beim Schobbe lusdich durchs Schdädle fahrn könn. So manch enner erinnerd sich dabei noch an sei alds Schdrassebähnle, wenn er als klenner Bu in die Schul gefahre bisd.
Im Sommer hasd bei der Hitz am Gitter hinne geschdanne und des Gefühl wie aufem fahrende Balköhnle gehabd.
Im Winder bisd drinne geschdanne, von unne hads der die Füß verbrennd von der Heidzung, von vorne had der Nachbar geroche und von hinne is der Schaffner komme und had dich mid seim Geldkassedle abkassierd und dein Fahrschein abgeschdembeld. Bisde mal zu schbäd in die Schul komme hasd zum Lehrer gesachd: „Endschuldigung, Herr Lehrer, aber die Schdrassebahn had en Bladde gehabt!“ Dafür hasd e Schelle kriechd, weils gar so blöd gewese is und der Lehrer ja ned dumm is.

Die erschde Schdrassebahn ham se 1892 in Würzburch eigeweihd. Damals wars noch e offenes Kütschle, was von zwee Göll gezoche worn is. Weil aber die Göll ofd ihre Roßbolle ham lieche gelass, wo se grad gemüssd ham und alle baar Schdund was zu Fresse gebrauchd ham, ham se 10 Jahr schbäder die Göll in Schdall neigeschdelld und des Bähnle mit Schdrom versorchd. Die Schdrassebahn is damals vom Bahnhof , der wo da war, wosd heud ins Theader gehst, in die Sanderau und die Zellerau gefahre und zu dere Eisebahner ins Grombühl a. Am Sonndach si die Leud mid Kind un Kechel naus ins Schdeinbachdal gefahre, wo se nei in Volksgarde sin und bei Danz und Wein sich ham een schönne Dach gemechd.

Bezahld hasd beim Schaffner, der had am Seil gezoche unds Glöggle had geläud wenn alle drinn gewese sin und der Zuchführer dann losgefahre is. Schwarzfahre hasd ned gekönnd, denn der Schaffner had se alle gekennd, die eigeschdieche sin. Emal is e Kerl eigeschdieche, der had zum fürchde ausgschaud. Ganz in schwarz war er agezoche und en schwarze Mandel und Schlabbhud had er aufgehabd. Alle Weld ham geguggd und sin eweng weg von em gange, ma had ja ned wiss könn! Als der Schaffner zu em komme is und wolld kassier, had der den nur bös ageguggd und gesechd: „Zorro zahld heud ned!“
Da had der Schaffner die Ange eigezoche und is weidergange, weil er wolld ja kenn Schdung ham. Am nächsde Dach war der Kerl scho widder in der Schdrassebahn und des Schbiel is von vorne losgange. Als des noch e baar Dach so gang is, had er Schaffner eines Dachs sei ganzes Müdle zamgenomme und den Kerl gefrachd: „Ja, warum zahld den der Zorro ned?“ „Zorro had Monadskarde!“ had der dann gesachd und alles had gelachd.

Abbildungen

S. 141	*In dem physikalischen Institut der Universität Würzburg entdeckte 1895 der Physiker Wilhelm Conrad Röntgen die X-Strahlen und erhielt dafür 1901 den ersten Nobelpreis in Physik.*
S. 142 - 143	*Ein Sonntagsspaziergang im Glacis gehört bei den Würzburgern zu den schönsten Erholungen in der Biedermeierzeit. Hier trifft man gute und weniger gut bekannte Nachbarn.*
S. 144	*Eine Gedenktafel am Zeller Berg im Mainviertel erinnert an den bekanntesten Würzburger Schriftsteller Leonhard Frank.* *Mit seinen fränkischen Geschichten wie das „Ochsenfurter Männerquartett“ oder „die Räuberbande“ wurde er für seine Verehrer unsterblich.*

IN DIESEM HAUSE
ENTDECKTE
W.C.RÖNTGEN
IM JAHRE 1895
DIE NACH IHM
BENANNTEN
STRAHLEN

Nahe dieser Mauer stand
bis 1904 das Geburtshaus
des Schriftstellers
Pazifisten und Emigranten
LEONHARD FRANK
4.9.1882 - 18.8.1961

- 27 -
Die erste Straßenbahn fährt

Geht man am Abend gemütlich in der Stadt spazieren um Schaufenster anzuschauen, was viel schöner als Fernsehen ist, dann kommt einem bisweilen eine alte Straßenbahn mit quietschenden und knarrenden Geräuschen entgegen: der „Schoppenexpress". Drinnen sitzen fröhliche Leute bei Wein und Musik und lassen sich durch die Stadt fahren. Dabei denkt man beim Anblick dieser alten Straßenbahn an die Zeit, als man noch mit so einem Ungetüm zur Schule gefahren ist. Im Sommer stand man bei Hitze am offenen Einstieg und schaute übers Fahrgitter wie zu Hause vom Balkon. Im Winter war man drinnen eingepfercht mit den anderen Mitfahrern. Von unten hat man qualmende Socken von der Heizung bekommen, nebenan hat manch einer „nach Mensch gerochen" und von hinten hörte man den Schaffner kommen zum Kassieren. Vorne trug er seine Geldkassiermaschine und aus seiner Tasche zog er den Fahrschein, den er mit dem Stempel entwertete. Ist man einmal zu spät zum Unterricht gekommen, so konnte man sagen: „Entschuldigung, Herr Lehrer, die Straßenbahn hatten einen platten Reifen gehabt!" Warum man dann sich so manche Ohrfeige eingefangen hat, konnte man gar nicht verstehen, weil doch die Ausrede so originell war und der Lehrer auch nicht immer gescheite Sachen sagte.

Die erste Straßenbahn wurde 1892 in Würzburg eingeweiht und war noch eine von Pferden gezogene Kutsche. Doch schon nach einiger Zeit kamen Beschwerden aus der Bevölkerung wegen der vielen Pferdeäpfel und außerdem war es für den Kutscher oft lästig, nach jeder Fahrt seine

Zugtiere zu füttern. 10 Jahre später wurden die Pferde dann in den Stall gestellt und die Kutsche bekam Strom von oben aus einer Stromleitung. Die Straßenbahnlinien gingen vom Hauptbahnhof in der Ludwigstrasse, wo heute das Stadttheater steht, in die Wohnviertel Sanderau und Zellerau und ins Eisenbahnerviertel nach Grombühl. Am Sonntag fuhr die ganze Familie hinaus ins schöne schattige Steinbachtal, um im Volksgarten bei Wein und Tanz sich zu vergnügen.

Bezahlt wurde im Wagen beim Schaffner. Wenn alle eingestiegen waren, zog dieser am Seil und eine Glocke gab dem Fahrer das Zeichen, loszufahren. Schwarzfahren war damals nicht drin, denn der Schaffner kannte alle seine zugestiegenen Gäste. Einmal stieg ein ganz in schwarz gekleideter Mann ein und alle Leute blickten sich nach ihm um. Mit seinem schwarzen Mantel und Hut sah er zum Fürchten aus. Als der Schaffner zu ihm kam zum Kassieren, sah dieser ihn mit grimmigen Blick an und knurrte nur: „Zorro zahlt heute nicht!" Instinktiv zog sich der Schaffner zurück und ging weiter, um keinen Streit zu bekommen. Am nächsten Tag kam der „schwarze Zorro" wieder und das Spiel begann von vorne. Nach ein paar Tagen nahm der Schaffner seinen ganzen Mut zusammen und fragte den unheimlichen Gesellen, nachdem dieser sich wieder weigerte zu zahlen: „Ja warum zahlt denn Zorro nicht?" „Zorro hat Monatskarte!" kam es von dem Gefragten zurück und alle Leute im Wagen lachten.

- 28 -
Die Eisebahn kommt nach Würzburch

***1854** erreichte die Eisenbahn mit der Strecke Nürnberg – Bamberg – Schweinfurt auch die Stadt. Südlich des Neutores wurde ein Tunnel durch die Bastion getrieben und die Bahnlinie endete in der Ludwigstraße in einem Kopfbahnhof (heute Stadttheater). Rasch baute sich das Streckennetz nach Aschaffenburg, Ansbach bis München und nach Osterburken bis Stuttgart aus.*

E jeds der scho mal länger in Würzburch gewese is, wess wie schö die Schdad is und mer sich richdich wohl fühld mid dere Kuldur und dere Leud. Wennsd aber von dem alles nix wessd und kommsd als Gasd mit dem Bähnle nach Würzburch auf em Bahnhof an, frächsd dich wo de da gelandet bisd und möchsd am liebsde dich rümdreh und mid dem Bähnle weiderfahr. Der erschde Eindrug von Würzburch is des Klo vom Bahnhof, wennsd vom Bahnsteich kommsd und drausse aufem Bahnhofvorblatz gehds weider mid dere Penner und dere ihre Hünd. Wenn des wahr is, dass der Bahnhof die Visidekard von der Schdad is, dann müssd mer sich mal e neues Kärdle mach und dere Gäsd abgäb. Dabei had des alles mid dem Bahnhof und dere Eisebahn vor hunnerdfufzich Jahr eichendlich ganz gud angefange:

Damals um 1850 war Würzburch touristisch noch Diasbora. Gereisd bisd wie im Middelalder mid em Posdkütschle von Bamberch nach Frankfurt. Am ledzde Hieb had der Kutscher noch emal auf die Göll eigedrosche und dann bisd durchs Schdadtor neigefahrn.

Doch mid em Schlach is alles anersch worn als die Eisebahn nach Würzburch komme is. Von dere Schnüdel in Schweinfurt is die Bahn bis vors Neudor gebaud worn, dann war Feierabend. Würzburch war noch mid dere Schdadmauer umbaud und die wolld mer ned aufgeb, ma had ja ned wiss könn, was noch kommd. Also ham se en Dunnel durch die Mauer gebaud und in der Ludwichschdrass een schönne Bahnhof. Der war dord wo heud des Schdadtheader schdehd. Wennsd ausgeschdieche bisd ausem Züchle hasd links die Residenz gesehe und rechds hads Bürcherschbidal und weider hinne des Juliusschbidal mid dere Schobbe geloggd. Mer is gern nach Würzburch mid em Züchle komme.

Was lusdichs is emal em Pfarrerle auf em Bahnschdeich bassierd. Der wolld nach Münche zum Erzbischof verreis und war eweng schbäd drann. Des Pfarrerle war e klenner Kerl mid em Mords Ranze und is mid seiner zwee Koffer zum Bahnhof gerennd, wo er am Bahnschdeich ankomme is und geschwidzd had wie ee Sau. Da had er een Kerl in er Generalsuniform am Bahnschdeich gesehe, den er noch von der Schul gekennd had und den er ned had leid gekönnd. Ward dir zeich ich's, had er gedachd und ihn gefrächd: „Sache se mal Herr Schaffner, wan fährd den der nächsde Zuch nach Münche?" Der General had des schwidzende Pfarrerle von obe midleidvoll angeguggd und dann gesechd: „Also, gnädiche Fraa, in ihrem Zuschdand dät ich feich nix mehr verreis!"

- 28 -
Die Eisenbahn kommt

Jeder auswärtige Gast, der schon einmal länger in Würzburg verweilt hat, weiß, dass Würzburg eine Stadt voll von Kultur ist und die Menschen offen und liebenswürdig sind. Kommt man jedoch völlig unvorbereitet am Bahnhof als Reisender an, so fragt man sich, wo man sich hier befindet und würde am liebsten nach dem ersten Eindruck weiterfahren. Kommt der Gast vom Bahnsteig, so begrüßt ihn als erstes die öffentliche Toilette vom Bahnhof und draußen am Vorplatz wird es auch nicht besser. Am Bahnhofsvorplatz prostet ihn so mancher Penner mit der Flasche und einem zotigen Trinkspruch zu: Willkommen in Würzburg! Wenn es stimmt, dass der Bahnhof die Visitenkarte einer Stadt ist, dann müssten sich die Damen und Herren im Rat überlegen, diese Visitenkarte einmal neu drucken zu lassen und sie dem Gast neu auszuhändigen. Dabei fing vor 150 Jahren es mit der Eisenbahn in Würzburg doch ganz hoffnungsvoll an:

Wer um 1850 als Reisender nach Würzburg kam, fand sich noch in der tiefsten Provinz wieder. Man reiste wie Jahrhunderte zuvor mit der Postkutsche von Bamberg kommend nach Frankfurt weiter. Am letzten Hieb wurde vom Kutscher den Pferden noch einmal Schwung gegeben und dann ging es durchs Stadttor hinein.

Mit einem Mal änderte sich alles, als die Eisenbahn nach Würzburg kam. Die Bahnlinie wurde von Bamberg über Schweinfurt nach Würzburg verlängert und endete am Neutor. Die Stadtbefestigung wollte man nicht einreißen, man konnte ja nicht wissen, was alles noch passieren würde. So wurde ein Tunnel durch die Mauer gebaut und die Gleise endeten in der Ludwigstrasse, wo man einen prächtigen Bahnhof baute, der an der Stelle des heutigen Stadttheaters stand. Der Gast wurde linker Hand von der schönen Residenz begrüßt und rechter Hand vom Bürgerspital und weiter hinten vom Juliusspital zur Einkehr eingeladen. Man kam gerne mit dem Zug nach Würzburg.

Übrigens gibt es aus der damaligen Zeit eine lustige Begebenheit. Ein kleiner dicker Pfarrer wollte seinerzeit nach München zum Erzbischof verreisen. Er war schon spät dran und rannte schwitzend und schnaufend den Bahnsteig hinauf. Dort sah er einen Schulfreund in der Uniform eines Generals stehen und auf den Zug warten. Da er den Kerl noch nie leiden konnte, wollte er ihm einen Streich spielen und fragte ihn schnippisch: „Sagen Sie mal, Herr Schaffner, wann fährt den der nächste Zug nach München?“ Der sah den kleinen, schwitzenden Pfarrer mit seinem dicken Bauch mitleidvoll an und entgegnete: „Also gnädige Frau, in ihrem Zustand würde ich nicht mehr nach München verreisen!“

- 29 -

Aus em Schdädtle wird e Schdadt

Seit der Mitte des 19. Jahrhunderts wuchs die Bevölkerung rasch in der Stadt. Waren es 1851 noch 29.800 Einwohner, so betrug die Bevölkerung 1871 bereits 40.000 und 1905 sogar 80.000. Viele kamen vom Land und suchten Arbeit in der Stadt, andere waren als Beamte versetzt worden und auch die Universität zog Professoren und Studenten an. Aber auch reiche Ausländer wie Russen kamen, da die Medizin einen guten Ruf hatte. Pensionäre bevorzugten die fränkische Metropole als Altersruhesitz.

Würzburch is eichendlich heud in seiner Größ genau richdich und bassd grad so in den Kessel vom Mee so wie e Arsch auf die Schüssel. Ned zu groß, dassd kens mehr kennsd und ned zu klee, dassd jeden Dach die gleiche Gesichder siechsd. Den Schbrung vom Schdädtle zur Schdadt hat Würzburch innerhalb von fufzich Jahr geschaffd. Um 1850 war Würzburch noch so klee wie Karschd und um 1900 fasd so groß wie heudzudach.
Mid em Schlach sin en Haufe Leud nach Würzburch gezoche und bald hasd kenns mehr gekennd: arme Schlugger vom Land ham Arbed als Dachelöhner gesuchd, manch enner von der Beamde is von Münche nach Würzburch umgebedded worn, Professore und Schdudende aus alle Herre Länder sin komme und mach enner von der Russe oder Franzose war a dabei.
Bald hasd gemend du wärsd in Babylon, weil e jeds had so in seiner Schbrach gebabbeld. Dass des ned immer einfach für die Würzburcher war, had sich als emal beim Bägger gezeichd:

„Grüß Godd, was dürfs denn sei?“
„ Guten Tag, ich hätte gerne ein paar Schrippen.“
„Schribbe hamer ned, aber Kipf, Brödli oder dörfs a e Eierwegg sei?“
„Mein Gott, was sind das denn für Sachen, die kennen wir gar nicht bei uns in Hannover!“
„Vielleischd kann ich da helfen. Wir im Rheinland kennen uns janz jud aus mid den Backwaren. Die jute Frau meint sischerlich lekker Rosinenbrötschen!“
„So ee Gelumb due mir ned nei bei uns in die Kipfli, des kannsd der Höhner geb!“
„Ick meen die jute Frau meint so wat wie ne Schdulle Brot oder wat?“
„Ee Schdollebrod kannsd ham mid em haufe Kümmel drinn!“
„Dat jibed doch jarnich, wad soll dat mid Kümmel, dat kann doch keiner essen!“
„Kümmel, mein Gott allein der Gedanke, ich beiße auf dieses widerliche Gewürz, wenn ich meine selbst gemachte Erdbeermarmelade esse, schrecklich!“
„ Ich glebs ned, ja menne sie vielleichd, mir bagge Rosine ins Brod und dann kannsd die Bratwürschd mit dem süsse Glumb ess. Schmeggd des vielleichd besser?“
„ Das wird ja immer exotischer hier mit den Essgewohnheiten! Gibt es denn bei Ihnen keine ganz gewöhnlichen Brötchen wie überall?“
„Arschkipf, die hammer noch, wie viel dürfes denn sein?“

- 29 -
Würzburg wird Großstadt

Würzburg ist eine Stadt, die sich ideal an ihre Umgebung angepasst hat, gemütlich und gemächlich hat sie sich in dem Talkessel des Maintals bequem gemacht. Ihre Größe ist genau richtig so, dass man in der Stadt nicht unbedingt anonym leben muß, aber auch nicht jeden Tag die gleichen Gesichter zu sehen bekommt. Dabei war es erst Mitte des 19. Jahrhunderts, dass Würzburg den Sprung zur Großstadt geschafft hat. Hatte die Stadt um 1850 noch die Größe von Karlstadt, so hatte sie um 1900 ihre heutige Größe fast erreicht. In diesen 50 Jahren strömten Menschen aller Couleur, Herkunft und Rassen nach Würzburg und nicht weniger unterschiedlich war deren Motiv: arme Leute vom Land suchten Arbeit als Tagelöhner, Beamte wurden von der Landeshauptstadt München in die Provinz „befördert", Professoren folgten dem Ruf der Wissenschaften und die Studenten folgten den Professoren, selbst Ausländer wie Russen und Franzosen kamen zur Stadt am Main, da die Medizin seinerzeit einen guten Ruf genoss. Ein babylonisches Sprachengewirr aus Fränkisch, Schwäbisch, Hochdeutsch herrschte auf der Domstrasse und hier und da hörte man ein paar Wortfetzen aus fernen Ländern. Bisweilen gab es jedoch auch Verständigungsschwierigkeiten mit der einheimischen Bevölkerung, was zu mach heiterer Situation beitrug, wie einstmals beim Bäcker Lustig in der Zeller Strasse:

„Grüß Godd, was dürfs denn sei?"
„ Guten Tag, ich hätte gerne ein paar Schrippen."
„Schribbe hamer ned, aber Kipf, Brödli oder dürfs a e Eierwegg sei?"

„Mein Gott, was sind das denn für Sachen, die kennen wir gar nicht bei uns in Hannover!"
„Vielleischd kann ich da helfen. Wir im Rheinland kennen uns janz jud aus mid den Backwaren. Die jute Frau meint sischerlich lekker Rosinenbrötschen!"
„So ee Gelumb due mir ned nei bei uns in die Kipfli, des kannsd der Höhner geb!"
„Ick meen die jute Frau meint so wat wie ne Schdulle Brot oder wat?"
„Ee Schdollebrod kannsd ham mid em haufe Kümmel drinn!"
„Dat jibed doch jarnich, wad soll dat mid Kümmel, dat kann doch keiner essen!"
„Kümmel, mein Gott allein der Gedanke, ich beiße auf dieses widerliche Gewürz wenn ich meine selbst gemachte Erdbeermarmelade esse, schrecklich!"
„ Ich glebs ned, ja menne sie vielleichd, mir bagge Rosine ins Brod und dann kannsd die Bratwürschd mit dem süsse Glumb ess. Schmeggd des vielleichd besser?"
„ Das wird ja immer exotischer hier mit den Essgewohnheiten! Gibt es denn bei Ihnen keine ganz gewöhnlichen Brötchen wie überall?"
„Arschkipf, die hammer noch, wie viel dürfes denn sein?"

30.
Röntgen durchleuchd sei Fraa

1895 entdeckte Wilhelm Conrad Röntgen die geheimnisvollen X-Strahlen. Nach seiner Veröffentlichung am 23.1.1896 wurden die Strahlen auf Vorschlag des Professors Koelliger nach ihm als Röntgenstrahlen genannt. Röntgen erhielt 1901 dafür den ersten Nobelpreis für Physik.

Im Volksbläddle vom 23. Januar 1896 hamse geschriebe, wie der Professor Röntgen se neu entdeggde Schdrahle öffendlich vorgeführd had. Dabei had er gezeichd wie sei Ichs-Strahle durch Babier, Blech und Holz durchgange sin wie Budder. Sowas had von dene Pofessore und Schdudende noch kenns gesehe und den Rödgens Conrad hams hochlebe gelass. Was aus dere Erfindung dann worn is, des wisse mer nur alzu gud. Was Gescheideres ham se in Würzburch vorher und auch nachherd nid gefunne. Dabei war des e reiner Zufall, wie der Röndgens Conrad die Schdrahle entdeggd hat. Und des war so:

Der Röndgen war e sehr honoricher Professor für Füsigg in Würzburch. Sei Inschdidud lach am Rennwecher Ring und da had er auch geforschd. Besonders für Lichdschdrahle had er sich seid seiner Juchend indressierd, weil em sei Vadder mal e Daschelämble zu Weihnachde geschenkt hat. Mid dere Funzel had er dann immer rumgeleuchd und wennsd des Daschelämble in die Gosch hasd geschdeggd, had des durch die Gosch geleuchd und alle dahem ham sich gefürchd. Als Professor had er nadürlich noch gscheidere Sache gemechd, als e Daschelämble in die Gosch zu schdegge und had in seim Labor exberimendierd. Da isser ofd dachelang drin gewese und sei Fraa, Roswidda had se geheiße, ha ihrem Conrad immer was zu Esse gebrachd.

Es war an em kalde Dezembernachmiddag, drausse hads geschneid und es war am nachmiddag scho dungel, als der Röndgens Conrad grad widder e klenns Exberimendle mid leuchdende Schdrahle gemachd had.
Sei Roswidda had dahem grad Blädzles gebagge und ihm ne Freud ham mach woll und is mid em warme Kaffee und e baar Blädzles ins Labor geschliche. Da wars dunkel und die Roswidda had ihrm Conrad gefrechd, wo se des Dabledd hieschdell soll. „Schdells hie, wosd Blatz findsd!" had er zu ihr gesechd und es Roswiddale hads aufem Disch geschdelld, wos grad schö ausem Abbaredle geleuchd had. Als die ihr Händ mid em Dabledd in den Schdrahl neigedu had, had der Conrad se gefrechd: „Sache mal, Muddi, was had denn du für komische Händ?" Unds Roswiddale is erschrogge, weil im Lichd se ihr Knöchle von der Händ had se gekönnd. Der Röndgen had des mid dere Händ von sei Fraa noch x-mal wiederhold und sich gefreud, was mer mid dere Schdrahle so alles mach had gekönnd. Und deshalb had er sei Schdrahle auch X-Schdrahle genennd, weil Roswidda-Schdrahle blöd geglunge häd.

- 30 -

Conrad Röntgen erfindet die X-Strahlen

In der Ausgabe des Volksblattes vom 23. Januar 1896 wurde berichtet, dass der Professor Wilhelm Conrad Röntgen seine neu entdeckten Strahlen öffentlich vorgeführt hat. Dabei hat er vor anderen ehrenwerten Professoren und Studenten demonstriert, wie seine X-Strahlen durch Papier, Blech und Holz gedrungen sind, als wären diese Materien Butter gewesen. Anschließend haben sie den Physikprofessor gefeiert. Bis heute haben Generationen ihren Nutzen aus der Erfindung Röntgens gezogen und eine bedeutendere Erfindung wurde in Würzburg bis heute nicht gemacht. Dabei soll es purer Zufall gewesen sein, wie Röntgen die Strahlen entdeckt hat.
Angeblich soll es so gewesen sein:

Röntgen war ein weit bekannter Professor der Physik und forschte in seinem Labor am Rennweger Ring. Sein besonderes Interesse galt von Kindheitsbeinen an der Erforschung des Lichts. Man sagt, sein Vater hätte ihm zu Weihnachten eine kleine Taschenlampe geschenkt und der kleine Wilhelm Conrad hätte seinen Spaß gehabt, die kleine Lampe nachts in den Mund zu stecken und bei Dunkelheit seine Geschwister mit einer Leuchtmaske zu erschrecken. Später wandte er sich der ernsthafteren Forschung des Lichtes als Professor zu. In seinem Labor experimentierte er oft Tage und Nächte und nur seine Frau Roswitha durfte zu ihm, um ihn mit Essen zu versorgen.

Es war an einem kalten und verschneiten Dezembertag des Jahres 1895 als der Professor mit leuchtenden Strahlen in seinem Labor Experimente durchführte. Seine Frau Roswitha hatte gerade zu Hause die Weihnachtsbäckerei eröffnet und wollte ihrem Mann eine Freude machen und ihn mit frisch gebackenen Plätzchen und Kaffee erfreuen. Als Roswitha das dunkle Labor betrat fragte sie ihren Mann, wo sie das Tablett abstellen soll. „Ach," sagte dieser, „stell es dorthin, wo du Platz findest." Sie stellte es auf den Labortisch, wo gerade eine Apparatur Leuchtstrahlen erzeugte, als ein Strahl auf ihre Hände fiel. „Mein Gott, Roswitha" rief der Professor aufgeregt „was ist mit Deine Händen geschehen!" Da ist seine Frau erschrocken, weil man im Licht der Strahlen ihre Hände leuchten sah und ihre Knochen wurden sichtbar. Röntgen hat das Experiment mit den Händen seiner Frau noch x-mal wiederholt und sich gefreut, dass das Experiment jedes Mal klappte. Seine Strahlen nannte er dann X-Strahlen, warum, weiß man nicht. Vermutlich lag es daran, dass „Roswitha-Strahlen" nicht besonders gut klang.

- 31 -
Die Marmeladerevoluzion

Der erste Weltkrieg kostete den Würzburgern einen hohen Blutzoll. Der anfänglichen Begeisterung zu Kriegsbeginn wich rasch eine Ernüchterung während des langwährenden Krieges, an dessen Ende 4238 gefallene Soldaten, 1000 Vermisste und Hunderte von Verwundeten standen. Der Krieg endete 1918 mit Chaos und Anarchie; Soldaten- und Arbeiterräte versuchten die Macht in der Stadt zu erzwingen. In der Niederschlagung der Aufstände durch die Würzburger und Ordnungskräfte kamen etliche ums Leben.

Des neue Jahrhunnerd hat für Würzburch nid gud angefange und genauso schlechd isses a weidergange. Nach em erschde Weldgriech hads nix mehr zu beisse gäbe unds Pulver war a nix mehr werd. Bisd früh zum Milchmann gange und hasd een Lidder Milch noch für sechshunnerddausend Marg keffd, so hasd am nächsde Dach scho dreiefufzich Millione dafür bezahld. Es Geld war so groß wie Wischlabbe, weil die Zahl nix mehr drauf gang is. Dazu ham een Haufe Leud ke Arbed ghabd und viele junge Familie kee Wohnung. Seid der Griech angefange had, ham se in Würzburch ke Häuser mehr gebaud. In der Schdadt gings drunder und drüber. Revoluzzer ham Schdung gemechd und mid Soldate es Radhaus eigenomme. Die Würzburcher ham sich des feich ned gefalle lass und gemeinsam ham se die Lumbe nausgeschmisse. Des dollsde was damals bassierd is, war die Marmeladerevoluzion von e baar Würzburcher Hausfraue. Es war am erschde Juni 1920 in der früh anem Freidach:

Die Pfisders Lisbeth aus der Sanderschdrass 4 im fünfde Schdogg is nüber zur Nachbarin, der Försche Maria und had se gefrechd, ob se mal mid eweng Zugger aushelf könnd, si möchd die Erdbeere vom Garde für e Marmelad eimech. Die Försche Maria tät erer gern helf, had aber seid Dache selbsd ken Zugger mer vom Radhaus kriechd und dere ihre Erdbeere wern a scho schlechd desweche. Sie kennt aber een auf der Schdrass, der wüssd wos Zugger gäb und so sin se die Treppeschdieche nunner gange. Dabei ham se im vierde Schdogg die Schäfers Frenzi troffe und die hads gleiche Problem gehabd. Also is die midgange und als die unne auf dere Schdrass ankomme sin, war die Kretzers Kät und die Riedmanns Olga a dabei. An der Neubauschdrass warse scho een Haufe Weibsleud, die alle een Zugger für die Marmelad gebrauchd ham. An dere Egge war enner geschdande, der wo immer was organiesier had gekönnd. Der had aber die Ange eigezoche und gemend, es gäb nix mehr, weil die zwee Leud von der Schdadt, die wo für Zugger zuschdändich wärn, alles unner der Hand verschächerd ham. Da is der Pfisders Lisbeth und dere annere Fraa der Kamm gschdieche und die sin nüber nach Grombühl, wos Lacherhaus von der Schdadt gewese is. Der Arbeider had en Schlach ned gehörd als die Weibersleud neigange sin. Der Zugger da drin had grad für e Pfund gereichd und so sin se nüber ins Radhaus. Der Bürchermesder Löffler had Fraggsause kriechd, als er gehörd had, dass die Würzburcher Hausfraue es Radhaus ausgerechend weche dere Erdbeermarmelad einnehm wolle und had Soldate zu Hilfe gerufe. Die ham die Hausfraue nur aufhald könn, weil se in die Lufd geschosse ham und die Fraue gemennd ham, dann gibs hald heuer kee Erdbeermarmelad aufm Disch.
Und so wär fasd emal des Radhaus weche Erdbeermarmelad geschdürmd worn.

- 31 -
Die Marmeladenrevolution

Das 20. Jahrhundert hat für Würzburg nicht gut angefangen und im Nachhinein betrachtet, ist es auch nicht besser weitergegangen. Nach dem ersten Weltkrieg war das Essen knapp und das Geld nichts mehr wert gewesen. Die Inflation ging mit riesigen Schritten voran. Kaufte man am Morgen beim Milchmann noch die Milch für 600.000.00 DM so konnte man ein paar Tage später schon 53 Millionen dafür bezahlen. Die Geldscheine hatten die Größe eines Handtuches erreicht, weil die vielen Nullen der Milliarden sie nicht mehr fassen konnten. Hinzu kamen viele Arbeitslose, fast 20 Prozent der Würzburger hatten keine Arbeit, und viele junge Familien hatten kein Dach über dem Kopf. Seit Kriegsbeginn wurden keine Häuser mehr gebaut. Die öffentliche Ordnung war aus den Fugen geraten, als Soldaten- und Arbeiterräte versuchten, die Macht im Rathaus zu erzwingen. Erst das mutige Aufbegehren der Würzburger Bürger hat dem Treiben ein Ende bereitet und das Gesindel aus der Stadt geschmissen. Eines der kuriosesten Ereignisse erlebte damals die Stadt, als eine große Anzahl Würzburger Hausfrauen die so genannte „Marmeladenrevolution" probten. Es geschah am 1. Juni 1920 an einem Freitagmorgen:

In der Sanderstrasse 4 im fünften Stock ging um 8:35 Elisabeth Pfister zu ihrer Nachbarin Maria Försch in der Absicht, sie um etwas Zucker für Marmelade zu bitten, da sie am Tag zuvor einen Eimer Erdbeeren in ihrem Schrebergarten geerntet hatte. Ein an sich alltäglicher Vorgang, hätte es damals keine Inflation und somit Zuckerknappheit gegeben. Achselzuckend bedauerte

Maria Försch das Begehren und verwies darauf, dass sie selbst seit Tagen keinen Zucker mehr hatte und sie ihre Erdbeeren bald wegschmeißen könne, wenn sie nicht bald eingemacht werden. Da kam ihr die Idee einen Straßenhändler danach zu fragen, den sie kannte und gemeinsam ging man im Treppenhaus hinunter. Unterwegs traf man Franziska Schäfer mit dem gleichen Anliegen und als man im Erdgeschoss ankam, waren noch Katarina Kretzer und Olga Riedmann dabei. Als man an der Neubaustrasse ankam, waren bereits mehrere aufgebrachte Hausfrauen mit der gleichen Absicht versammelt. Der Straßenhändler bedauerte und meinte, die zuständigen Leute im Rathaus hätten den Zucker unter der Hand zum eigenen Vorteil verkauft. Da ist der Elisabeth Pfister und den anderen Damen die Zornesröte ins Gesicht gestiegen und gemeinsam zogen sie nach Grombühl ins dortige städtische Lagerhaus. Der dort anwesende Wachmann stellte kein besonders erschwerliches Hindernis für die Hausfrauen dar, die aber nur leere Lager vorfanden. Aufgebracht zogen sie dann Richtung Rathaus. Die Kunde von den aufgebrachten Hausfrauen hatte sich zwischenzeitlich bis zum Bürgermeister Löffler im Rathaus herumgesprochen, der ängstlich Soldaten der Reichswehr zur Hilfe rief, wegen Hausfrauen! Diese konnten die Küchenrevoluzzer nur durch Schüsse in die Luft aufhalten, worauf die Damen meinten, man müsse dann halt dieses Jahr auf Marmelade zuhause verzichten. So ist es damals zum ersten Mal in der Würzburger Geschichte passiert, dass das Rathaus um ein Haar von Hausfrauen gestürmt worden wäre.

- 32 -
Der Leonhard Frank, e echder Meeviertler

Leonhard Frank wurde am 4. September 1882 im Mainviertel zu Würzburg geboren. Er gilt als der bekannteste Schriftsteller Würzburgs der die Seele der Stadt und ihrer Bürger in Romanen wie die „Räuberbande" und Prosa beschrieben hat. Frank war ein unbeugsamer Pazifist. Er verfasste 1915 in seinem schweizer Exil das damals sehr bekannte Antikriegsbuch „Der Mensch ist gut". 1933 musste er wiederum Deutschland auf Grund seiner Haltung verlassen und kehrte nach dem Krieg in seine Heimatstadt zurück. Hier wurde er wegen seiner Haltung erneut angefeindet und starb am 18. August 1961 in München.

Wenn dich enner frechd, was die Diedrichs Marlene und der Franks Leonhard gemeinsam ham, dann guggsd erschdemal blöd aus der Wäsch, weilsd ned wessd was die mideinanner zu dun ham. Beide sin berühmde Kinner ihrer Heimatstadt, aber kenner had se von ihrer Leud damals so richdich leid gekönnd. Dabei gehöre die zu denne Leud, wosd richdich schtolz sei kannsd, dass se damals denne braune Debbe ned ums Maul gered ham und mid alle wie die Lemminge ins Unglügg gerennd sind. Wo des für Würzburch sei End gefunne had, kanns der am Modell im Radhaus agugg.

Kenner hat die Würzburcher besser gekennd, geliebd und beschriebe wie der Franks Leonhard ausem Meevierdel. Wennsd sei „Räuberbande" list mennst du bist noch emal e junger Kerl mit all dene Schbrüch und Lausbubereien, die wosd agestelld hasd. Der Franks Leonhard war aber a e Kerl, der wo mit padriodische Schbrüch und denne Krieglechsschbiele nix am Hud gehabd had. Nebe seiner Würzburcher Geschichdles had er auch Büchles geche den Kriech geschriebe. Des wolld aber damals im Dausendjähriche Reich, des wo aber ned über 12 Jahr nauskomme is, kenner in Würzburch hörn. Dafür ham die braune Geselle wie der Gauleider Hellmuth und der Oberbürchermesder Memmel es sache gehabd und dem Frank is es zu blöd worn und er is ausgewandert.

Nach dem Kriech als die Amis komme sin und Kaugummi verdeild ham, warn alle auf emal ned dabei gewese bei dere braune Geselle und jeder had en gekennd, der des had beschdädich könn. Der Memmel war auf emal e Midläufer, der ned annersch had mach gekönnd und der Hellmuth had e baar Jahr gesesse und is mid er Endschädichung von fünfdausend Mark nacherd noch Zahnarzt worn. Na bravo!

Wennsd jedzd glebsd, dass der Franks Leonhard nach em Kriech von der Würzburcher mid em Fresskorb empfange worn is, dann hasd dich gedäuschd - Pfeiffedeckels!
Als 1952 am Schdadtheader am Widdelsbacher Bladz des Schdück „Karl und Anna“ aufgeführd worn is, weil der Leonhard damals siebzich worn, is, hads e Mords Geblärr in Würzburch gebe und des Schdügg is abgesedzd worn. Dann hads der Schdadrad und der Bürchermesder Schdadelmayer es noch emal in Ruh und allens ageschaud und es is wieder gezeichd worn.

Die Diedrichs Marlene und der Franks Leonhard sin alle zwe nix mehr hem komme, nach dere Marlen hams e Blädzle in Berlin benannd, nachem Leonhard e.......

- 32 -
Leonhard Frank, der ungeliebte Sohn Würzburgs

Stellt man die Frage, was Marlene Diedrich und Leonhard Frank gemeinsam haben, so wird der ahnungslose Würzburger zuerst die Achseln zucken. Beide sind berühmte Kinder ihrer Heimatstadt, aber beide ebenso ungeliebt zu ihrer Zeit. Dabei gehören die beiden gerade zu den Persönlichkeiten, auf die eine Stadt wegen deren mutigen Zivilcourage mit Recht stolz sein kann, dass sie in schwierigen Zeiten nicht mit der braunen Meute geheult haben und mit dem Zug der Lemminge ins Unglück gerannt sind. Wie das für Würzburg geendet hat, kann man sich am Modell der zerstörten Stadt im Rathaus ansehen.

Kein Schriftsteller hat die Würzburger Seele besser beschrieben als der Leonhard Frank aus dem Mainviertel. Liest man seinen Roman die „Räuberbande" so fühlt man sich noch einmal in seine Jugendzeit zurückversetzt mit all den losen Sprüchen und Lausbübereien. Der Leonhard Frank war aber auch ein großer Pazifist, der mit den falschen patriotischen Parolen seiner Zeit und den Kriegstreibereien nichts anfangen konnte. Seine Schriften fanden aber im Tausendjährigen Reich, dessen Bestand nicht über 12 Jahre dauerte, wenig Zuspruch. Dafür hatten die Braunen wie der Gauleiter Hellmuth und der Bürgermeister Memmel das Sagen in der Stadt und Frank ging ins Exil ins Ausland.

Nach dem Ende des zweiten Weltkrieges kamen die Amerikaner in die Stadt und sind bis heute geblieben.

Wurden die braunen Rädelsführer seinerzeit nach ihrer Vergangenheit befragt, so hatten sie mit der ganzen Sache nichts zu tun gehabt. Memmel war auf einmal ein unschuldiger Mitläufer, der praktisch gezwungen wurde mitzumachen. Der Gauleiter Hellmuth ging für ein paar Jahre ins Gefängnis und kassierte eine Entschädigung von 5000 DM, worauf er bis an sein Lebensende als Zahnarzt tätig war. Was für eine Vita!

Wenn man nun erwartet, dass Leonhard Frank nach dem Krieg von den Würzburgern mit offenen Armen empfangen wurde, so sieht man sich enttäuscht. Als anlässlich seines 70. Geburtstages 1952 sein Antikriegsstück „Karl und Anna“ im Stadttheater am Wittelsbacher Platz aufgeführt werden sollte, gab es in der Öffentlichkeit deswegen Anfeindungen und das Stück wurde abgesetzt. Erst nachdem der Stadtrat unter Bürgermeister Stadelmayer das Stück hinter verschlossenen Türen sich angesehen hat, kam es nach kontrovers geführter Diskussion wieder auf den Spielplan.

Marlene Diedrich und Leonhard Frank kehrten bis zu ihrem Lebensende nicht mehr in ihre Heimatstadt zurück; in Berlin wurde ein Platz nach Marlene Diedrich benannt, in Würzburg eine Promenade.

- 33 -
Würzburch in Hunnerd Jahr

Man schreibt das Jahr 2106. Würzburg hat mit seinen Eingemeindungen bis Ochsenfurt, Kitzingen, Karlstadt und Marktheidenfeld die Einwohnerzahl von 500.000 überschritten. Der Altersdurchschnitt beträgt 56 und damit führt Würzburg die Liste der Städte mit den höchsten Anteil an älteren Mitbürgern in Deutschland an. Neben den bekannten historischen Sehenswürdigkeiten sind auch bekannte Industriedenkmäler wie ein seit 100 Jahren verweister Hotelturm und die Bauruine der Arkaden am Bahnhof Ziel zahlreicher Touristen aus der ganzen Welt. Der Stadtrat besteht aus einer Anzahl von 42 Splitterparteien und Interessenvertretungen und wird seit der Wiedereinführung des Fürstbischoftums im Jahre 2103 anlässlich der 300 Jahrfeier der Aufhebung des Fürstbischoftums von Fürstbischof Mbele I, ein aus der afrikanischen Partnerstadt stammender Katholik, der in Würzburg Theologie studierte.

Wennsd nach dem ganze geschichdliche Gelumb, was der in dere ganze Geschichdles die ledzde zwee Jahr gelese hasd, wiss willsd, wies mid Würzburch und der Würzburcher weidergehd, dann kriechsd hier auf dei Frach e Andword.

Würzburch is im Jahr 2106 e richdiche reiche Schdad worn. Durch die Zwangseigemeindung von Ochsefurt, Kitzi, Karsch und Hedefeld mit dere reiche Bäuerlesdörfer is richdich Pulver in den Säggel komme.
Die Bäuerles ham ihre Felder für Golfblätz hergebe, Würzburch wirbd mid dem Schbruch: „Würzburch, die Schdadt midde im Golfblatz". Die Bundesschdrass zu

dere neue Schdaddeil hammer vierschburich ausgebaud, in der Midde gehd es Schdrassebähnle. Der Schobbeexbress in Würzburch is auf 10 aufgeschdockd worn, weche der Nachfrache.

Würzburch häld den Rekord mid der mesde alde Leud; dreivierdel sin Rendner und des is viel, weil der erschd mid siebzich in Rende gehsd. In Würzburch gibds nur noch fünf Oberschule, alle zamgelechd in alder Dradition und weil wenich Kinner gibd. Mägg Donels had zwischezeitlich den Maulaffebägg übernomme und in der Schdad 10 von dere Läde aufgemechd; im alde verkeffe se zwischezeidlich nur noch die labbriche Hamburcher, weil ned mer so viel von der junge Leud gesse wird.

Die Dourisde ham sich verdobbeld, seid mer in Würzburch ned nur alds Zeuch agugg kann. Berühmd sin auch die alde Ruine von dem Hodeldurm und die vom Glasi zugewachsene Arkade, wo kenns zum Eikeffe gang is. Im Schdadrad wird dere Zeid darüber debaddiert, noch emal so e baar Machullegeschäfdle zu bau, weil's sich arch rendiert und mer für die Zukunft bland. Alleweil is e Ubahn im Geschbräch, Indressende die Bulver ham gibds angeblich scho.

Der Schdadrad beschdehd dereweil aus 42 Bardeie und Grübbli; fünfezwanzich ham sich zammegschlosse zur Fragdion „Mir liebe unser Würzburch"; die annere in der Obosidion ham sich a zamgedan mit dem Moddo: „Mir a, aber annersch!"

Die Rechierung von Unnerfrange gibds nix mehr, in Unnerfrange rechiert seit drei Jahr wieder e Fürsdbischof. 2003 Jahr ham se die zweihunnerd Jahrfeier weche der

Auflösung vom Hochstift gefeierd und sbondan beschlosse, mir wolle wieder en Fürsbischof ham. Gewähld worn is enner aus der Bardnerschdad .....in Afriga, Mbele der Erschde, hessd er. Er is zwar e Neigeschmeggder, aber des mechd nix, weil er Deolochie bei uns schdudiert had und a scho eweng frängisch babbeln kann.

Aber sonsd is alles so wies mal war.

- 33 -
Würzburg in Hundert Jahren

Jetzt, nachdem man die geschichtlichen Kuriositäten in den letzten 2 Jahren in den Würzburger Geschichten regelmäßig hat lesen können, möchte man allzu gerne wissen, wie es denn mit der Geschichte Würzburgs weitergeht. Hier erhält der Leser eine nicht ganz sichere, aber wahrscheinliche Antwort auf diese Frage:

Würzburg wird im Jahr 2106 eine wohlhabende und blühende Stadt sein. Dank der zwangsweisen Eingemeindung der umliegenden Städte wie Ochsenfurt, Kitzingen, Karlstadt und deren wohlhabenden bäuerlichen Dörfer floss reichlich Geld in die Stadtkasse. Die ländliche Bevölkerung hat sich schnell dem Trend angepasst und ihre unrentablen Felder für Golfplätze verkauft. Dank einer geschlossenen Infrastruktur der Golfplatzanlagen wirbt Würzburg im Fremdenverkehr mit dem Motto: „Würzburg, die Stadt mitten im Golfplatz“. Die Bundestrassen in die neuen Stadtteile wurden vierspurig ausgebaut; auf dem Mittelstreifen verkehrt die Straßenbahn. Wegen der großen Nachfrage bei der älteren Generation wurde der „Schoppenexpress“ auf 10 Züge aufgestockt und verkehrt regelmäßig zwischen den einzelnen Seniorenwohnheimen.

In der bundesweiten Statistik der Städte mit dem höchsten Stand älterer Bewohner steht Würzburg an erster Stelle, was sehr beachtlich ist, da man zwischenzeitlich erst mit siebzig den Ruhestand beginnt. Wegen der niedrigen Geburtenrate, hier hat die Stadt nach langen Anlauf endlich den letzten Platz in der Statistik erobert, hat man in bewährter Art die weiterführenden Schulen zusammengelegt, sodass es derer nur noch 5 gibt. Die Hamburgerkette Mc Donald hat zwischenzeitlich die Weinstube Maulaffenbäck übernommen und betreibt unter diesem Label 10 Filialen in der Stadt; wegen der stark gesunkenen Nachfrage nach Hamburger und Big Macs werden diese nur noch in der historischen Weinstube in der Maulhardsgasse verkauft.

Die Zahl der jährlichen Touristen hat sich zwischenzeitlich verdoppelt, nachdem in Würzburg nicht nur die bekannten touristischen Highlights wie Festung, Dom und Residenz Besucher und Gäste anziehen. Zur Berühmtheit gelangt sind auch zwischenzeitlich Industriedenkmäler wie die hoch hinausragende Ruine eines Hotelturms und die vom Glacis zwischenzeitlich wieder zugewachsenen Einkaufsarkaden, die mangels Rentabilität nach kurzer Zeit schließen mussten. Wegen der wirtschaftlichen Attraktivität dieser Projekte wird zurzeit im Stadtrat darüber diskutiert, weitere Bankrottgeschäfte zu genehmigen, um damit eine Marktlücke zu erschließen und vorzuplanen. Heißer Favorit ist dabei das Projekt einer städtischen U-Bahnlinie, für die sich bereits 2 Finanzinvestoren interessieren: der eine ist der Verband der resozialisierten Anlagebetrüger und eine nicht bekannte Gruppe von den Kaimaninseln.

Der Stadtrat setzt sich aus insgesamt 42 Parteien und Interessengruppen zusammen, von denen sich 25 zu einer Fraktion mit dem Namen: „Wir lieben Würzburg“ zusammengeschlossen haben; die anderen in der Opposition haben den Slogan: „ Auch wir lieben Würzburg, aber anders“.

Nachdem seit 3 Jahren wieder das Fürstbischoftum eingeführt wurde, wurde die Regierung von Unterfranken aufgelöst. Anlass hierzu waren die 200 Jahrfeiern 2003 anlässlich der Auflösung des Fürstbischoftums Würzburgs. In einem spontanen Anfall geschichtlicher Begeisterung und der Bevormundung bayerisch sprechender Lokalpolitiker aus München überdrüssig, beschloss man die Wiedereinführung eines Fürstbischofs. Erster Vertreter wurde nach heftig kontrovers geführter Debatte der aus der afrikanischen Partnerstadt stammende Mbele I. Er ist zwar kein gebürtiger Würzburger, was einige Bürger der Stadt als nachteilig empfinden, hat aber in Würzburg am Priesterseminar Theologie studiert und beherrscht auch schon einige fränkische Redewendungen wie „I ho e Eei ü“.

Im Übrigen hat sich sonst in Würzburg wenig geändert.

Der Autor

Wolfgang Mainka, Jurist, studierter Kunsthistoriker und „Würzburger Nachtwächter", wurde 1950 entgegen seinem ausdrücklichen Wunsch in Gelnhausen geboren. Seine Eltern zogen des ständigen Drängens ihres Sohnes müde, 1955 nach Würzburg ins Frankenland und betrieben in der Arndtstraße eine Metzgerei.
Der Sprössling wuchs inmitten von Jugendbanden, Fußballmannschaften und Pfadfindergruppen in einem sozial schwierigen Umfeld auf, in dem Kirschenklauen und „Schellepartien" an der Tagesordnung standen.
Dank seines genetisch vererbten starken Charakters und eines sehr starken katholischen Einflusses von Seiten des Pfarrers Schober und des Heimleiters Domkapitular Heribert Brandtner vom Schülerseminar Julianum verließ er nur zeitweise den Pfad der Tugend. In seiner Schullaufbahn prägte er nachhaltig die Lehrerschaft der Schillerschule und die des Siebold-Gymnasiums, in dem er auf Bitten seiner Lehrer einige Klassen mehrmals besuchte.

Das Studium der Rechtwissenschaften beendete er 1979 und ließ sich 1983 als Anwalt in Arnstein im Werntal nieder. Hier hatte er als „Bauernanwalt, wie er liebevoll von den Einheimischen genannt wurde, das Ohr am Bauch der Franken. Das Fränkische der Dorfbevölkerung und die Sitten erweckten seine Neugierde, sich mit dem „Fränkischen" zu beschäftigen und so war es nur eine Frage der Zeit, bis er 1995 als „Würzburger Nachtwächter" in fränkischer Mundart seinen Gästen die Historie seiner Heimatstadt humorvoll näher brachte.

Vom Würzburger Nachtwächter sind bisher erschienen:

1998 „Europäische Nachtwächter und Türmer",
2000 „Das Würzburger Nachtwächterbüchle",
2006 „Würzburger Geschicht(l)e" und ein Hörbuch
„Der Würzburger Nachtwächter erzählt".

Es ist zu befürchten, dass zukünftig weitere Veröffentlichungen des Autors erfolgen. Personen mit chronischer Humorlosigkeit sei deshalb empfohlen, diese Lektüre zu meiden.

Dank

An dieser Stelle möchte ich meinen herzlichen Dank den Personen sagen, die mich bei der Realisierung der Idee und des Büchleins mit Rat und Tat unterstützt haben.